WICCA
LIVRO
DAS
SOMBRAS

Feitiços e Rituais
para Diversas Ocasiões

Pierre Macedo

Wicca - Livro das Sombras: Feitiços e Rituais para Diversas Ocasiões © 2020 por Pierre Macedo. Todos os direitos reservados. Nenhuma parte deste livro pode ser usada ou reproduzida de qualquer forma, incluindo o uso na internet, sem autorização por escrito da editora, exceto no caso de citações breves incorporadas em artigos críticos e resenhas.

ISBN: 978-1-7770364-7-8

Primeira Edição 2020

Publicado por Leirbag Press, um selo de Virgo Publishers.
contato@virgopublishers.com

Conteúdo

INTRODUÇÃO	V
QUEBRA DE FEITIÇOS	7
Quebrando Feitiços e Removendo Energias Negativas	7
Limpeza do Espaço	10
Amuleto para Quebra de Feitiço	11
Ritual do Pentagrama	14
FEITIÇOS DE AMOR	21
Feitiço de Amor 01	22
Feitiço de Amor 02: Trabalhando com Lilith	24
Feitiço de Amor 03: Trabalhando com Baal	29
Feitiço de Amor 04: Trabalhando com Afrodite	31
FEITIÇOS DE BELEZA	35
Frey e Freya	36
Afrodite	45
FEITIÇOS DE DINHEIRO	49
Trabalhando com Bune	50
Trabalhando com Seere	52

FEITIÇO DE MANIPULAÇÃO — 55
Trabalhando com Belial — 56

ENCONTRANDO RESPOSTAS — 59
O Nome do Seu Anjo e Demônio de Guarda — 60

Obtendo Respostas com um Baralho de Cartas — 67

Escrita Livre — 71

AUTOPROTEÇÃO — 73
Equilibrando Sua Energia — 74

Amuletos — 77

APÊNDICE — 81
Invocar e Banir os Quatro Elementos — 81

Desenvolvendo Sua Sensibilidade — 83

INTRODUÇÃO

Esta é uma versão enxuta do meu livro Segredos da Magia e Bruxaria. Ele é destinado aos praticantes de magia mais experientes que já conhecem os conceitos básicos de como preparar o templo e montar o altar, abrir e fechar um círculo mágico, purificação e consagração de objetos, etc. Para a montagem deste material mais curto, foram removidos os seguintes capítulos: instruções gerais; evocações; magia planetária; criando seus próprios rituais e feitiços; perguntas comuns e soluções.

O foco principal deste livro é a magia branca, embora contenha feitiços de amor e manipulação que só podem ser classificados como magia negra. A diferença entre estes dois termos está na intenção do praticante. Se você quer atrair algo para sua vida sem diretamente causar dano a qualquer pessoa, isso é magia branca. Já se você explicitamente deseja mudar o curso da vida de alguém, isso se trata de magia negra. Muitos, inclusive eu, acreditam em algo chamado carma que consiste em colher o que você planta. Se você fizer coisas boas para os outros, então isso é o que você vai receber nesta vida ou na próxima. Cabe a você decidir qual caminho seguir.

É importante dizer que a partir do momento em que você começa a trilhar este caminho, você realmente tem que acreditar nele para que tudo funcione de maneira eficaz. Sua mente tem o poder de fazer duas coisas essenciais: destruir trabalhos mágicos e dar vida a eles. Isto se aplica principalmente quando estamos trabalhando sem a ajuda de quaisquer seres espirituais. Este tipo de feitiço é altamente dependente do subconsciente do mago ou bruxo, enquanto os feitos com a ajuda de alguma entidade vão depender mais da própria entidade.

Todos os feitiços foram cuidadosamente preparados misturando magia antiga e moderna. Apesar de não precisarmos mais fazer todo o trabalho duro que nossos ancestrais costumavam fazer, não podemos nos livrar completamente de alguns procedimentos necessários, tais como a purificação do corpo e alma. Estes podem ditar o sucesso do nosso trabalho, porque ao fazer magia, estamos lidando com forças superiores que não compartilham de nossas características humanas responsáveis por nos tornar seres impuros.

Agora você tem em suas mãos a chave para mudar o curso da sua vida. Use-a sabiamente. Lhe desejo boa sorte em sua jornada mágica. Que o universo conspire a seu favor.

CAPÍTULO 1

QUEBRA DE FEITIÇOS

O primeiro conjunto de feitiços que vamos aprender neste livro são os que você precisa saber antes de começar a lançar os seus próprios. Um mago ou bruxo deve saber como quebrar qualquer feitiço ou repelir qualquer energia negativa, porque se você está mirando contra alguém, você também pode ser um alvo. Quando entramos no mundo oculto, é como se estivéssemos enviando uma mensagem dizendo que agora fazemos parte daquele mundo. Isso pode ser bom, porque você atrai para si as soluções para os seus problemas que antes você não era capaz de ver, mas também pode ser ruim, porque as forças que não querem vê-lo bem também serão atraídas. Vejamos como podemos lidar com isso.

Quebrando Feitiços e Removendo Energias Negativas

Este é um poderoso feitiço que é usado para remover toda a negatividade de sua vida, incluindo magia negra. Então, se você acha que alguém o amaldiçoou ou enviou algo ruim contra você, este feitiço pode ajudá-lo.

Aqui vamos trabalhar com o elemento fogo e seu governante, o Arcanjo Miguel.

Coisas Que Você Vai Precisar

- Duas velas brancas.
- Incenso (olíbano, laranja, acácia ou calêndula).
- Bíblia.

Passo a Passo

Purificando o local / Banimento com o elemento fogo

I. Monte um altar no sul com as duas velas e incenso. Durante esta operação, você deve sempre estar virado para o sul.

II. Segure uma das velas, acende-a e diga diante da chama:

Hekas hekas este bebeloi. [1] *Que todo profano se afaste, pois neste local o sagrado será convocado.*

III. Levante a mão sobre a chama e diga:

Criatura do fogo, eu te sacralizo e te desperto neste instante. Eu purifico esta chama para que ela se expanda, remova toda a negatividade e abençoe tudo o que tocar.

IV. Feche os olhos e visualize a chama ficando maior e purificando todo o espaço com o elemento fogo. Em seguida, a toque rapidamente com as duas mãos para se purificar[2] e depois diga:

Convido todas as forças nocivas a se retirarem imediatamente. Pela criatura do fogo seja este local abençoado e eu purificado. Que as salamandras queimem aqueles que tentarem voltar. Proclamo agora o silêncio sagrado.

V. Fique em silêncio por alguns minutos visualizando o local sendo purificado.

Oração a Arcanjo Miguel

I. Queime o incenso.

II. Acenda a outra vela. Vibre[3] o nome de Miguel por alguns instantes e se concentre na energia dele. Diga:

Ó Poderoso Arcanjo Miguel, vos que carregais uma espada flamejante que amedronta todos os inimigos, vos que é um fiel protetor do Divino, vos que regeis as chamas ardentes do elemento fogo, peço que me conceda a proteção que necessito neste momento, para que todos aqueles que intentem algum tipo de mal contra mim, possam conhecer a fúria daquele que é o Príncipe dos Arcanjos. Se eu não for digno neste momento, me faças digno, pois a ti eu escolho como guia nessa jornada de fortalecimento físico e espiritual. Minha mente está aberta para receber todos os conselhos e ensinamentos que tenhas a me oferecer. Que minha aura seja cercada por vossa energia como um escudo que blinda contra todo o tipo de sortilégios. Os inimigos espirituais que agora me escutam, temem o vosso poder, pois sabem que sofrerão as consequências de tentar atacar um protegido de ti. Salve Arcanjo Miguel. Amém.

Invocando Miguel

I. Diga:

Ó Poderoso Arcanjo Miguel, eu te invoco. Miguel Príncipe dos Arcanjos, Príncipe das Virtudes, Príncipe da Luz, Guardião da Paz, Protetor Divino, Governante do Fogo, eu te invoco. Eu lhe peço, Ó Poderoso Miguel para que limpes meu campo energético de todas as influências que possam estar impedindo a realização dos meus objetivos. Peço-lhe para que quebres e expulses todos os tipos de bruxaria lançados contra mim. Diante desta chama, do elemento fogo, peço para que libere e abra todos os caminhos que estejam fechados na minha vida. Assim seja. Salve amado Arcanjo Miguel. Amém.

II. Recite o Salmo 85 para Miguel; recite o Salmo 7 para terminar a purificação.

III. Agradecendo os espíritos

Agradeço aos elementares do fogo que participaram desta purificação. Agradeço-te por tua presença e tua ajuda, Ó Poderoso Arcanjo Miguel, e eu digo: até breve.

IV. Fique em silêncio e apague as velas.

V. Deixe o incenso queimar até o fim em um local sem risco de incêndio.

VI. Você deve se deitar durante 30 minutos após o ritual.

Nota: talvez você esteja questionando o porquê do uso da Bíblia em um livro pagão. O lado bom de ser pagão é que podemos aproveitar somente as partes úteis de todas as outras crenças. A Bíblia possui algumas utilidades em processos de purificação e consagração, como este que acabamos de aprender.

Limpeza do Espaço

Livre facilmente a sua casa ou qualquer outro lugar de energias negativas.

Coisas Que Você Vai Precisar

➢ Um copo de água fria com três colheres de chá de sal.

➢ Incenso (jasmim, papoila, murta ou sândalo).

Passo a Passo

I. Em primeiro lugar, diga:

Hekas hekas este bebeloi. Que todo profano se afaste, pois neste local o sagrado será convocado.

II. Erga as mãos sobre a água e diga:

Eu te sacralizo criatura das águas e te desperto neste instante. Eu purifico a essência deste fluido para expelir a desarmonia e abençoar tudo que tocar.

III. Espirre um pouco de água pelo ambiente que você está purificando, dizendo:

Convido todas as forças nocivas a se retirarem agora. Pela criatura da água seja este local abençoado e eu purificado. Proclamo agora o silêncio sagrado.

IV. Fique em silêncio por alguns instantes e mentalizando o local sendo purificado. Concentre-se em uma chama violeta que limpa e remove toda a energia negativa.

V. Queime o incenso e espalhe a fumaça pelo ambiente enquanto diz com autoridade:

Se aqui houver qualquer espírito maligno, saia agora e volte para onde você veio. Eu não terei misericórdia.

Este é o meu espaço, e aqueles que não são convidados para estarem aqui, irão queimar e desaparecer sem deixar vestígios.

VI. Deixe o incenso queimar até o fim em um local sem risco de incêndio.

Amuleto para Quebra de Feitiço

Amuletos são objetos comumente utilizados para proteção, mas eles podem ter outras funções, como sorte, amor, dinheiro, etc. No último capítulo você tem acesso a poderosos amuletos antigos que irão impedir que você receba qualquer tipo de energia maligna. O nosso primeiro objetivo relacionado com esta ferramenta é criar um amuleto personalizado que irá absorver todos os tipos de feitiços lançados contra você. Se você suspeita que alguém tenha o amaldiçoado ou enfeitiçado, esta ferramenta pode ser de grande valia. Tenha em mente que o que nós iremos fazer não é apenas um simples objeto inanimado, mas uma entidade viva que irá trabalhar no plano astral fazendo exatamente o que lhe foi dito no momento da sua criação. Você deve destruí-lo logo que a sua tarefa for concluída.

Coisas Que Você Vai Precisar

- Um cristal, pedra, pingente, moeda, anel, etc. Escolha um destes ou outro objeto semelhante.
- Sal.

- ➢ Um copo de água.
- ➢ Uma vela branca.
- ➢ Incenso (qualquer um).

Passo a Passo

Banimento

Vamos purificar o templo.

I. Queime um incenso, segure-o e vá para o leste. Diga:

> *Invoco os guardiões do leste para me ajudarem neste rito. Que os poderes do ar possam purificar este local de toda a negatividade e espíritos malignos.*

II. Caminhe pelo local segurando o incenso e dizendo:

> *Eu ordeno que todas as forças nocivas e malignas saiam agora.*
>
> *Pelos poderes do ar, eu exorcizo e purifico este local.*

III. Feche os olhos e imagine o ambiente sendo purificado.

O ritual

I. Prepare um altar no centro do espaço onde você está trabalhando. Coloque a vela, sal, incenso, água e o objeto escolhido sobre ele.

II. Trace um círculo grande o suficiente para você e o altar permanecerem dentro dele.

III. Pegue um pouco de sal e passe sobre o objeto, dizendo:

> *[Insira o nome do objeto], eu te exorcizo e te purifico.*

IV. Segure o objeto em sua mão, pegue o incenso e vá para o leste. Diga:

> *[Insira o nome do objeto], eu te desperto neste instante. Pelos poderes do ar, você agora vive.*

Passe o objeto através da fumaça do incenso.

V. Pegue uma vela, acenda e vá para o sul. Diga:

[Insira o nome do objeto], eu te desperto neste instante. Pelos poderes do fogo, você agora vive.

Passe rapidamente o objeto através da chama.

VI. Pegue a água e vá para o oeste. Diga:

[Insira o nome do objeto], eu te desperto neste instante. Pelos poderes da água, você agora vive.

Espirre um pouco de água sobre o objeto.

VII. Pegue o sal e vá para o norte. Diga:

[Insira o nome do objeto], eu te desperto neste instante. Pelos poderes da terra, você agora vive.

Passe um pouco de sal sobre ele.

VIII. Volte ao centro e segure o objeto com as duas mãos. Olhe para ele e diga:

[Insira o nome do objeto], você agora vive e você é um amuleto criado para absorver toda a energia negativa, magia negra e maldição lançada contra mim. Limpe meu corpo de todas as coisas impuras. Depois você deve transformar toda essa negatividade em energia pura e inofensiva. Vá agora e faça o seu trabalho.

Mantenha o amuleto por um máximo de 30 dias.

Destruindo o amuleto

Quando você sentir que não está mais sob a influência de qualquer feitiço, você deve destruí-lo. Importante: mesmo que você ache que o amuleto não funcionou, você deve destruí-lo. Não seja arrogante. É seu dever dizer para a criatura que o trabalho dela está feito.

I. Vá para o mesmo lugar onde o amuleto foi criado.

II. Execute o mesmo banimento usado para criá-lo.

III. Monte o altar e trace um círculo.

IV. Pegue um pouco de sal e passe sobre o objeto, dizendo:

Criatura do amuleto, eu te exorcizo e te purifico.

V. Pegue mais um pouco de sal e vá para o norte. Enquanto olha para o objeto, diga:

Amuleto, você completou a sua tarefa, o seu trabalho está feito. Eu agora revogo sua criação. Você não existe mais. Pelos poderes da terra, você não vive.

Mais uma vez, passe um pouco de sal sobre ele.

VI. Pegue a água e vá para oeste. Diga:

Amuleto, você completou a sua tarefa, o seu trabalho está feito. Eu agora revogo sua criação. Você não existe mais. Pelos poderes da água, você não vive.

Espirre um pouco de água sobre o objeto.

VII. Acenda uma vela e vá para o sul. Diga:

Amuleto, você completou a sua tarefa, o seu trabalho está feito. Eu agora revogo sua criação. Você não existe mais. Pelos poderes do fogo, você não vive.

Passe rapidamente o objeto através da chama.

VIII. Pegue o incenso e vá para o leste. Diga:

Amuleto, você completou a sua tarefa, o seu trabalho está feito. Eu agora revogo sua criação. Você não existe mais. Pelos poderes do ar, você não vive.

Passe-o através da fumaça do incenso.

IX. Feche o círculo e execute o Ritual de Banimento do Pentagrama (veja como no próximo tópico).

X. Jogue o objeto em um rio, mar ou enterre no fundo da terra.

Ritual do Pentagrama

Criado pela Ordem Hermética da Golden Dawn, este é um ritual poderoso projetado para banir qualquer energia caótica de sua vida e do espaço onde você esteja trabalhando. É amplamente utilizado para abrir quaisquer cerimônias mágicas, a fim de banir todos os espíritos que possam estar ao redor e deixar o local limpo para receber as forças com quem desejamos entrar em contato. Ele também pode protegê-lo quando é praticado diariamente[4], ajudando a fortalecer sua aura e tornar o seu campo energético mais equilibrado e forte contra qualquer tipo de espírito com intenção maliciosa ou magia negra.

Aleister Crowley, o mago mais bem-sucedido do século 20, escreveu em suas notas sobre o Ritual do Pentagrama:

> *"Todo homem tem uma fortaleza natural dentro de si mesmo, a alma inexpugnável. Além desta cidadela central, o homem também tem uma fortaleza externa, a aura. É o dever de cada pessoa garantir que a sua aura esteja em boas condições. Existem dois métodos principais para fazer isso. O primeiro é através da execução duas ou três vezes ao dia do Ritual do Pentagrama. O seu ponto principal é o de estabelecer no astral quatro pentagramas, um em cada direção, e dois hexagramas, um acima e outro abaixo, trancando assim o mago, por assim dizer, em uma caixa consagrada. Ele também coloca em sua aura os nomes divinos invocados".*

Treinando Sua Visualização

A desvantagem deste ritual para iniciantes é o seu processo de visualização. Você deve visualizar um monte de coisas, tais como esferas de luz, pentagramas, círculos, cruzes, etc. Isso é realmente importante, porque tudo estará realmente acontecendo no plano astral. Por exemplo, se você está desenhando um pentagrama no ar, você deve visualizar claramente este pentagrama no ar. Você pode fazer isso com os olhos fechados ou abertos. Eu prefiro ficar com os olhos fechados porque, pelo menos para mim, facilita o processo. A visualização de cores também é um problema. O padrão é visualizar a esfera na luz branca e brilhante, e isso pode ser fácil ou difícil para você. Para mim, acho a luz branca um pouco difícil de visualizar. Eu prefiro outras cores, como o amarelo ou azul.

Para desenvolver sua capacidade de visualizar qualquer coisa com os olhos da mente é preciso praticá-la. Fique de pé ou sentado em um lugar calmo, feche os olhos e comece a imaginar coisas ao seu redor, como esferas de luz e pentagramas. Desenhe o que quiser no ar com o dedo indicador e os visualize claramente. Tente manter os desenhos ativos na mente por tanto tempo quanto possível e não perca o foco. Outro exercício que você pode fazer é olhar para uma imagem por aproximadamente três minutos. Feche os olhos e tente reproduzi-la em sua mente com todos os detalhes. Fazendo isso diariamente, você vai melhorar consideravelmente a sua capacidade de ver com os olhos da mente.

Passo a Passo

A Cruz Cabalística

Todas as esferas de luz neste ritual são formadas a partir da mesma fonte de luz. Outras versões nos pedem para imaginar essas esferas sem mencionar de onde vem a energia. Considero isso um erro e foi por isso que criei uma versão modificada da Cruz Cabalística.

I. Vá para o leste e fique de frente para o leste. Se posicione de pé com os pés juntos e braços junto ao corpo. Imagine que uma esfera de luz branca e brilhante está descendo bem longe acima de sua cabeça. Essa esfera tem cerca de 25 cm de diâmetro e agora está logo acima da sua cabeça.

II. Com um punhal, varinha ou o dedo indicador direito, toque a luz e traga uma fração dela para a sua testa. Essa esfera menor tem metade do tamanho da esfera acima da sua cabeça. Toque na testa e vibre ATAH.

III. Toque a luz novamente, mas desta vez aponte para os pés e imagine a esfera de luz descendo ao chão. Vibre MALKUTH.

IV. Agora traga outra esfera de luz para o ombro direito. Toque no ombro e vibre VE-GEBURAH.

V. Traga outra esfera para o ombro esquerdo. Toque no ombro e vibre VE-GEDULAH.

VI. Junte as mãos na frente do seu peito e vibre LE-OLAHM. Agora imagine claramente as quatro esferas de luz formando uma cruz e esta cruz entrando em seu corpo, enchendo-o de pura luz.

VII. Ainda com as mãos juntas vibre AMÉM.

Desenhando os pentagramas

Para traçar os pentagramas no ar você pode usar uma adaga, uma varinha ou o seu dedo indicador, de preferência o da mão direita. Neste tutorial, vamos trabalhar com o dedo indicador.

I. No leste, virado para o leste, desenhe no ar o Pentagrama de Banimento da Terra e traga a ponta do seu dedo para o centro do pentagrama. Vibre[5] o nome YHVH.

Figura 1. O Pentagrama de Banimento da Terra

A seta indica a direção que você deve desenhar o pentagrama.

II. Sem mover o dedo em qualquer outra direção, comece a traçar um círculo enquanto você se move para o sul. No sul, trace o Pentagrama de Banimento da Terra (Figura 1) novamente. Traga o seu dedo para o centro e vibre ADNI.

III. Continue o semicírculo para o oeste e novamente trace o pentagrama trazendo o seu dedo para o centro. Vibre AHIH.

IV. Repita o mesmo processo para o norte. Vibre o nome AGLA ATAH GIBOR LE-OLAHM.

V. Agora, complete o círculo trazendo o dedo novamente para o centro do pentagrama que você desenhou no leste.

VI. Ainda no leste, fique em posição de cruz (pés juntos e braços estendidos) e diga:

Na minha frente, o grande Arcanjo Rafael (vibre).

Atrás de mim, o grande Arcanjo Gabriel (vibre).

Na minha direita, o grande Arcanjo Miguel (vibre).

Na minha esquerda, o grande Arcanjo Auriel (vibre).

VII. Agora diga:

Ao meu redor flamejam os pentagramas.

Imagine que o círculo e os pentagramas estão em chamas de cor branca.

E na coluna do meio brilha a estrela de seis pontas.

Imagine dois hexagramas brilhantes, um embaixo e um acima de você, formando uma grade de luz em torno do seu corpo.

VIII. Repita a Cruz Cabalística e o ritual está completo.

Guia de Pronúncia

Aprenda a pronunciar as palavras e nomes usados neste ritual na forma que são pronunciadas em hebraico.

Tabela 1. Guia de pronúncia

ATAH (Tu és)	a-tá
MALKUTH (o Reino)	marrut
VE-GEBURAH (e Poder)	vê-guê-bu-rá
VE-GEDULAH (e Glória)	vê-guê-du-lá
LE-OLAHM (para sempre)	lê-olam
YHVH	i-rro-vá
ADNI	a-do-nai
AHIH	é-rrê-ié
AGLA	a-ga-lá
GIBOR	gui-bor

As pronúncias acima e as encontradas no Apêndice deste livro foram transcritas depois de ouvir muitas vezes áudios de falantes nativos de hebraico.

Notas Finais

1. Esta é uma frase tirada dos antigos Mistérios Eleusinos que significa "que todo profano se afaste".
2. Se você não sabe como passar a mão pela chama de uma vela sem se queimar, por favor, não faça isso.
3. Isto significa pronunciar uma palavra em voz alta vibrando as sílabas intensamente.
4. A fim de praticar o Ritual de Banimento do Pentagrama diariamente, você também precisa praticar o Ritual de Invocação do Pentagrama (ver Apêndice). Caso contrário, sua energia será desequilibrada.
5. Todos os nomes de Deus usados neste ritual devem ser vibrados intensamente para os limites do universo.

CAPÍTULO 2

FEITIÇOS DE AMOR

Há uma grande chance de você estar lendo este livro principalmente por causa deste capítulo. Você pode estar ávido para saber como lançar alguns feitiços para trazer de volta o amor de sua vida, e eu prometo que você vai conhecê-los, mas primeiro, devo dizer que não existe tal coisa como feitiço de amor. O amor é o sentimento mais bonito que um ser humano pode ter e isso acontece naturalmente. Feitiços de amor são usados para forçar alguém a gostar de você, mudando a vida da pessoa. Isso não é amor, mas persuasão e manipulação. E é por isso que feitiços de amor pertencem à categoria de magia negra. Quando mudamos a vida de alguém para nosso próprio benefício ou para o benefício de outras pessoas sem o consentimento dela, estamos na verdade fazendo magia negra. Você pode estar pensando, qual é o problema? Bem, se você acredita em carma, há um grande problema: você está atraindo carma ruim, porque não podemos brincar com a vida de alguém sem pagar por isso. Caso você não acredite em nada disso, vá em frente. Decida por si só se é correto ou não lançar esse tipo de feitiço.

Feitiço de Amor 01

Esse feitiço fará a pessoa que você ama pensar em você o tempo todo.

Coisas Que Você Vai Precisar

- Uma maçã.
- Uma flor de rosa.
- Um coração de papel vermelho com o nome da pessoa amada escrito juntamente com a data de nascimento e o signo do zodíaco.
- Um coração de papel vermelho com seu nome escrito juntamente com a data de nascimento e o signo do zodíaco.
- Sete palitos de madeira.
- Um copo de água com três colheres de chá de sal.
- Uma faca limpa.

Passo a Passo

Banimento

I. Levante as mãos sobre a água e diga:

Eu te sacralizo criatura das águas e te desperto neste instante. Eu purifico a essência deste fluido para expelir a desarmonia e abençoar tudo que tocar.

II. Espirre um pouco de água pelo local que você está purificando, dizendo:

Convido todas as forças nocivas a se retirarem agora. Pela criatura da água seja esse local abençoado e eu purificado. Proclamo agora o silêncio sagrado.

III. Fique em silêncio por alguns instantes e mentalize o local sendo purificado. Concentre-se em uma chama violeta que limpa e remove toda a energia negativa.

IV. Quando se sentir pronto e purificado, comece a cerimônia.

O ritual

I. Espirre um pouco de água benta sobre o coração de papel com o nome da pessoa amada escrito nele. Segure o papel e se concentre inteiramente na pessoa em questão e diga:

> *Criatura do papel, eu te consagro para que tu representes [insira o nome da pessoa]. Tu és [insira o nome da pessoa], em corpo, alma e espírito. Tu és a cabeça e a mente de [insira o nome da pessoa]. Tu és uma conexão com [insira o nome da pessoa] e tu és as chaves para os caminhos de [insira o nome da pessoa], nascido em [insira a data de nascimento da pessoa].*

II. Mantenha-se focado até que você sinta que uma conexão com seu alvo tenha sido criada.

III. Quando você sentir que a conexão foi criada, segure a maçã e diga:

> *Fruto da luxúria, fruto da paixão, fruto da sedução e tentação, envie os teus poderes, a tua energia para o meu rito.*

IV. Concentre-se em paixão e desejo, pensando na pessoa e trazendo esse sentimento para dentro de você.

V. Segure a flor de rosa e diga:

> *Flor mística dos santos mistérios, flor do amor e poder. Lembra-te agora do conhecimento ancestral e envie tua sensualidade e teu amor. Rosa, eu invoco teus mistérios amorosos.*

VI. Pense no que você quer e comece a visualizar o seu desejo, repetindo até que você esteja cansado e sentindo uma energia muito forte em você. Isso leva de 10 a 20 minutos.

VII. Pegue o coração de papel com seu nome escrito, espirre um pouco de água benta e diga:

> *Criatura do papel, eu te consagro para que tu me representes, eu [insira o seu nome], em corpo, alma e espírito. Tu és a minha cabeça e minha mente, tu és uma conexão comigo, e assim receba a minha energia.*

VIII. Coloque uma gota de saliva sobre o mesmo papel. Idealmente, você deveria colocar uma gota de sangue, mas saliva vai funcionar também.

IX. Em seguida, usando uma faca limpa, divida a maçã ao meio verticalmente, retire as sementes e as deixem separadas. Coloque o papel com o nome da pessoa amada em uma parte da maçã e o papel com seu nome sobre o da pessoa, de forma que os nomes fiquem um de frente para o outro.

X. Junte as duas partes da maçã e comece a espetar os palitos enquanto diz:

> *Que amor, amizade e companheirismo floresçam entre o coração de [insira o nome da pessoa] e meu coração. Para que juntos, eu [insira o seu nome] e [insira o nome da pessoa] possamos compartilhar o mais puro amor, o amor que mantém viva a chama da vida, amor poderoso, glorioso, celestial, encantador e sonhador.*

XI. Com o último palito, espete a flor de rosa na parte superior da maçã. Levante a maçã e eleve a energia, pensando no seu objetivo.

XII. Guarde as sementes em um saquinho pelo tempo que achar necessário.

XIII. A maçã deve ser descartada na natureza.

Feitiço de Amor 02: Trabalhando com Lilith

Tudo Sobre Lilith

A maioria das coisas que estão disponíveis sobre Lilith na internet ou em outros livros de magia são incompletas ou erradas. Alguns a descrevem como a primeira esposa de Adão, um demônio, uma deusa do sexo, etc. Ninguém parece concordar com o que ela realmente é ou foi algum dia. As descrições de seus poderes e o que ela pode fazer por aqueles que pedem sua ajuda também são limitadas, considerando que ela é um espírito com tanto potencial, mas desconhecida para a maioria dos ocultistas. Então, antes de prosseguir para o trabalho real, eu irei mostrar as características de Lilith e o que ela será capaz de fazer por você.

Lilith, Laylah, Darkat, Layilil é a personificação da noite. Ela tem cabelo preto, olhos vermelhos e os animais que a representa são a serpente, o cachorro e o touro. Ela gosta de maçã, pêssego, lírios brancos, rosas vermelhas, vinho tinto, água pura, essência de rosas. Ela é o anjo da prostituição da Cabala Zoroástrica, sendo a mãe da sedução, da ilusão, do aborto, da liberdade e das prostitutas. Ela é feiticeira e trabalha muito com assuntos sexuais, paixões, sonhos e vampirismo. Pro paganismo, ela é uma deusa da lua, já no Judaísmo ortodoxo é uma parte da Shekinah (presença ou manifestação feminina do Deus Judaico). Na modernidade ela passou por diversas mudanças e virou o feminino de Satã. Ela é tudo que veio antes do Deus Judaico e tudo que se opõe a ele, ou seja, ela é boa e má ao mesmo tempo. Ela pode fazer de tudo, mas sua especialidade é feitiçaria e sexualidade. Para ela, sempre acenda velas brancas ou vermelhas. Ela é a senhora dos sonhos e através deles e do sexo, ela suga a energia vital das pessoas que é a energia presente no sêmen ou no sangue, a energia da própria vida. Não há necessidade de classificá-la como uma deusa, anjo ou demônio, porque ela é um espírito antigo e poderoso, o que é suficiente para que nós a mostremos todo o devido respeito.

Lilith, como todos os outros espíritos, tem dois lados que se pode definir como bom e ruim, na qual eu não concordo muito. A definição do que é bom e do que é ruim é tão humana e simplista que não podemos aplicá-la completamente ao plano astral. O lado mau de Lilith é creditado principalmente à sua personalidade de mãe do aborto e porque ela geralmente é um espírito que não gosta de ser evocado, principalmente se você não tiver nada que possa interessá-la. Mas como nós não iremos evocar Lilith de fato no nosso feitiço e também não iremos requisitar a ela nada que seja relacionado a crianças ou bebês, nossa operação deverá ocorrer sem nenhum problema.

Coisas Que Você Vai Precisar

- Um pires.
- Uma vela vermelha ou branca.
- Dois morangos ou duas maçãs.
- Um coração vermelho de papel ou pelúcia com o nome da pessoa amada escrito atrás dele.
- O selo de Lilith.
- Agulha esterilizada (opcional).

Passo a Passo

Banimento

Diga:

Em nome de Layil, senhora da noite, da ira e das tempestades, eu ordeno que toda negatividade saia daqui. Pelo poder de Layil, senhora da destruição e da punição, eu envio de volta tudo lançado contra mim e quebro os obstáculos que impedem a minha magia.

PROCUL, O PROCUL ESTE PROFANI. Profanos e espíritos imundos se afastem.

O ritual

I. Arranjos

Tudo usado neste ritual deve ser colocado no pires. Organize tudo de uma maneira que lhe agrade. Os morangos ou maçãs são usados para decorar. O selo de Lilith deve ficar na frente do pires.

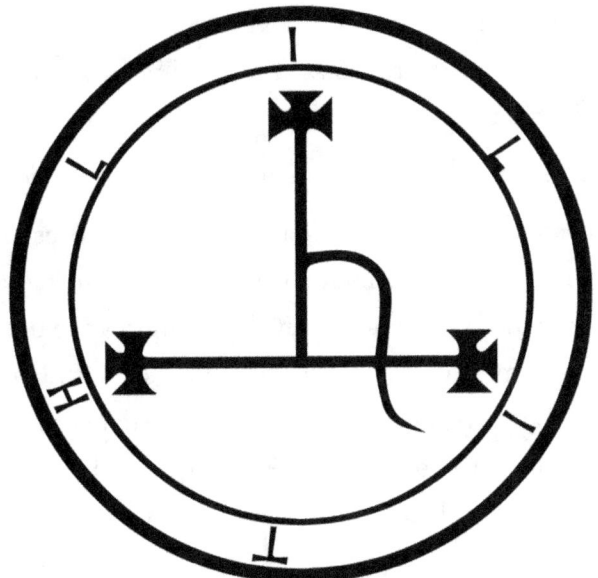

Figura 2. O selo de Lilith

II. Invocação

Lilith, sagrado anjo da prostituição, escuta-me.

Eu te invoco mãe da rebeldia e da sedução.

Olhe para mim agora com teus olhos vermelhos.

Inflama-me no fogo dos desejos e da tua luxúria.

Afoga-me nos lagos da paixão.

Coloca em minhas mãos a maçã dos desejos, a pera da doçura e o pêssego da luxúria.

Construa agora o tapete de lírios para a minha caminhada.

Coloque em meu corpo o aroma da rosa, a ardência da pimenta e em meus lábios o mel.

Abra as portas do teu mundo para mim, traga-me alegria e realizações.

Entrega-me os tesouros dessa terra e que eu seja a tentação. Ave Laylah.

<u>O ato sagrado da masturbação</u>

Primeiro eu preciso deixar claro que a masturbação quando usada em rituais é considerada um ato sagrado. Tenha em mente que você não está se masturbando para se divertir, mas sim para liberar a energia necessária para o feitiço funcionar.

III. Concentre-se em Lilith por alguns minutos e vibre o nome dela.

IV. Comece o ato sagrado (masturbação) com a mão esquerda visualizando seu desejo e tendo em mente que ele está se tornando realidade. Segure o seu orgasmo o máximo possível, e quando você não puder mais, ejacule e coloque em sua boca o elixir da vida (sêmen). Cuspa na vela e espalhe, "masturbe" a vela enquanto visualiza fortemente seus desejos, e quando você sentir uma força dentro de você querendo sair, acenda a vela como se ela tivesse ejaculado e estivesse enviando a energia diretamente para seu objetivo.

V. Diga:

Em nome de Lilith, a magia começa.

Pelo poder de Lilith, [insira o nome da pessoa] é meu.

Eu agora mudo sua mente.

Assim como o meu coração é seu, então é o meu desejo.

Você me ama, você é atraído por mim. Em mim está a sua paixão e seu coração.

VI. Fure o dedo e pingue três gotas de sangue no coração. (opcional)

VII. Em seguida, segure o coração e pense como se você fosse a pessoa que você ama:

Eu amo [insira o seu nome].

Eu quero você, eu te desejo, eu preciso de você.

Você é a razão de eu acordar todos os dias.

Nosso amor é maior do que nós mesmos.

Nosso amor é o que nos torna um.

Meu coração lhe dou e juntos vamos ficar.

VIII. Deixe a vela queimar até o fim em um local sem risco de incêndio. Guarde o coração com você ou enterre de preferência na natureza.

Nota: este feitiço é ideal para homens por causa da parte da masturbação. Se você é mulher, você também pode realizar o ato sagrado da masturbação, mas não será capaz de usar o elixir da vida que só os homens possuem. Pode-se usar uma gota de sangue para substituir o sêmen e dar energia para o feitiço. O efeito será o mesmo.

Feitiço de Amor 03: Trabalhando com Baal

Tudo Sobre Baal

Baal é um deus antigo que foi adorado pelos Cananeus e Fenícios. Seu nome significa Senhor. Na Goétia ele é considerado um poderoso rei que governa no leste e tem legiões de espíritos sob seu comando. Baal Hadad é o deus da tempestade, da chuva, da fertilidade, da fartura e governante do mundo. Para trabalhar com ele deve-se lhe oferecer água representando harmonia, equilíbrio e destruição; sal representando fartura ou morte; frutas, grãos e vinho. Para entrar em contato com Baal é necessário que se tenha uma representação dele que pode ser uma imagem física ou mental, além de uma prece. A aproximação com ele é gradual e cultuá-lo com preces e oferendas diárias é a melhor forma de chamar sua atenção. Baal é um deus tão versátil que este mesmo feitiço pode ser usado para outros fins.

Coisas Que Você Vai Precisar

➢ Um copo de água.

➢ Frutas e grãos.

Passo a Passo

Purificação

I. Erga o copo de água e diga:

Em nome de Baal Hadad, Senhor da Ordem e da Chuva, eu consagro a essência deste fluido para purificar tudo o que tocar.

II. Espirre a água apelo ambiente e beba um pouco para se purificar.

O ritual

I. Abertura

Eu venho adiante para realizar este ato sagrado. É de meu desejo me conectar com Baal e com os sagrados Elohim. Saúdo os deuses do passado, saúdo os deuses de Canaã, a terra da prosperidade e da felicidade.

Salve EL, o pai da humanidade. Salve EL Elyon. Abu, Abu Adami; Abu, Abu Shanima (na língua Cananéia significa Pai, Pai do Homem; Pai, Pai do Tempo).

II. Pense em Baal e em seus aspectos, se concentre nele e invoque:

Eu invoco o nome sagrado de Baal Shamem, o Senhor do Céu e do Trovão.

Baal filho de El, Baal Aliyan, aquele que prevalece.

Baal Senhor da Justiça e dos Grãos, Baal Filho de Dagon, Baal Zefom, Senhor do Norte, Baal Anthar, Baal Brathy, Baal Karmelos, Baal Marqo, Baal Gad, Baal Hammom e todos os outros nomes que queira ser chamado, eu te invoco.

Baal Reginon, Senhor do Corvo e Trovão, Senhor da Destruição, venha até mim. Baal Hadad, Senhor da Chuva e da Fertilidade.

Salve Baal que derrota Mot e Yam.

III. Ofereça as frutas e grãos para Baal.

IV. Oração

Baal, Grande e Poderoso Deus, eu venho humildemente diante de ti para pedir a tua ajuda.

Estou apaixonado por alguém que não está apaixonado por mim e eu necessito mudar isso.

Que teus poderes possam fazer [insira o nome da pessoa que você ama] me amar do jeito que eu amo ele (ela).

Que teus poderes possam fazer [insira o nome da pessoa que você ama] me desejar do mesmo modo que eu desejo ele (ela).

Porque eu sei Senhor Baal, de agora em diante, ele (ela) não pode viver sem mim.

A mente dele (dela) agora é mudada por mim e existe amor entre nós.

Salve Baal Hadad. Amém.

V. Meditação

Baal, Poderoso Senhor, tu que se afastaste da humanidade por profanação, venha a mim, pois o chamo com mente sagrada e reverente.

VI. Silencie sua mente e seus pensamentos, concentrando-se em Baal. Apenas fique em silêncio como se estivesse esperando por algo.

Feitiço de Amor 04: Trabalhando com Afrodite

Este feitiço não é designado para trazer alguém que você ama. Ele irá trazer o seu amor verdadeiro e isso é completamente diferente dos outros feitiços de amor que aprendemos até agora. Aqui temos um caso de magia branca, porque não estamos brincando com a vida de ninguém, mas tão somente solicitando que alguém que te amará de verdade entre na sua vida. Assim, podemos concluir que não há carma envolvido aqui, caso você acredite.

Breve Nota Sobre Afrodite

Afrodite é uma deusa da mitologia grega que também era adorada pelos romanos. Ela é a filha de Zeus e Dione e seu equivalente romano é a Deusa Vênus. Ela é a deusa da beleza, fertilidade, do amor e da sexualidade.

Coisas Que Você Vai Precisar

- Uma maçã.
- Sete morangos.
- Sete pétalas de rosas vermelhas.
- Sete cravos-da-índia.
- Mel.
- Uma vela vermelha.
- Uma vela branca.
- Uma tigela branca.
- Um copo de água.

Este ritual deve ocorrer na sexta-feira, o dia de Vênus.

Purificação

I. Em primeiro lugar, você precisa purificar-se fisicamente e espiritualmente. Tome um banho para purificar seu corpo e vista roupas limpas. Medite e limpe sua mente de todos os pensamentos impuros. Se for possível e se você assim desejar, fique 24 horas antes do ritual sem comer carne. Isto irá purificar a sua alma.

II. Comece a purificação dizendo o Hino Homérico 23 para o Filho de Cronos:

Cantarei Zeus, o líder entre os deuses e maior deles, o que tudo vê, o senhor de tudo, o cumpridor que sussurra palavras de sabedoria para Themis enquanto ela se senta inclinando-se para ele. Ser gracioso, que tudo vê, Filho de Cronos, o maior e mais excelente.

III. Então diga:

Hekas hekas este bebeloi. Que todo profano se afaste, pois neste local o sagrado será convocado.

IV. Erga as mãos sobre o copo de água e diga:

Criatura da água, em nome de Zeus, Filho de Cronos, eu te purifico.

V. Espirre água pelo local que você está purificando, dizendo:

O theoi genoisthe apotropoi kakon. Que os deuses possam afastar os males.

O ritual

I. Acenda a vela branca e diga o Hino Homérico 10 para Afrodite:

De Cythera, nascida em Chipre, cantarei. Ela dá presentes amáveis para os homens; sorrisos estão sempre em seu rosto adorável, e encantador é o brilho que joga sobre ele. Salve, deusa, rainha da bem construída Salamina e pela cercada pelo mar, Chipre; conceda-me uma canção alegre. E agora eu vou lembrar-me de você e outra canção também.

II. Proceda com a invocação:

Afrodite, deusa do amor, eu te invoco.

Filha de Zeus, deusa do prazer, deusa da beleza, deusa da sexualidade, eu te invoco.

Peço por tua ajuda com os mistérios do amor e do sexo.

Jogue sobre mim os teus antigos mistérios.

Abra as portas do amor e prazer na minha vida.

Traga-me um amor e me faça bonita(o) e atraente.

Nenhum homem (mulher) vai olhar para mim sem desejo, mas entre eles, alguém especial virá até mim.

Ele (ela) é aquele me ama.

Salve Afrodite, deusa de muitas virtudes.

III. Coloque as pétalas de rosa e os cravos na tigela e diga:

Em nome de Afrodite, eu serei bonita(o) e atraente.

IV. Coloque os morangos e a maçã e diga:

Em nome de Afrodite, eu terei prazeres em minha vida.

V. Cubra tudo com um pouco de mel e diga:

Em nome de Afrodite, um amor vai aparecer na minha vida.

VI. Acenda a vela vermelha e diga:

Que assim seja.

VII. Fique um pouco em silêncio contemplando seu trabalho.

VIII. Enterre o conteúdo da tigela na natureza.

CAPÍTULO 3

FEITIÇOS DE BELEZA

Este tipo de feitiço poderia facilmente ter sido incluído no capítulo anterior, pois os seus problemas com amor pode ser apenas uma questão de falta de confiança em si mesmo, e os deuses adequados podem ajudá-lo a conseguir isso e até mesmo o padrão de beleza que você acha que não possui. Mas talvez os seus problemas não estejam relacionados com amor e você apenas deseja se sentir mais bonito, mudar a pessoa que você pensa que é, olhar para o espelho e ver algo que lhe agrade e ser elogiado por outras pessoas por causa de suas características físicas. Se este for o seu caso, os feitiços neste capítulo certamente irão ajudá-lo com isso.

Feitiços de beleza trabalham tanto para mudar a sua percepção de si mesmo como moldar o seu corpo também. O primeiro efeito esperado é fazer com que a pessoa que o lance passe a se enxergar de uma maneira diferente, sem dar tanta importância às características que anteriormente não lhe agradavam. Quando você muda a forma de se ver, as pessoas também vão começar a olhar para você de um jeito diferente. O segundo efeito esperado são mudanças físicas e isso pode acontecer em muitas escalas que vão de suave até um completo desaparecimento da característica indesejada. O que se deve ter em mente é que dependendo do problema, mudanças significativas não podem ocorrer fisicamente. Supondo que uma pessoa pequena queira crescer mais alguns centímetros, porém, ela não está mais em fase de crescimento, o efeito desejado é improvável que aconteça. O mesmo vale para alguém com um nariz grande, na qual pequenas mudanças podem ser notadas, mas uma redução considerável não irá ocorrer. Por outro lado, outros problemas, como manchas, pequenas cicatrizes, rugas, cabelos, etc., podem ser completamente resolvidos.

Frey e Freya

Frey é um deus nórdico, Rei dos Vanir, deus da prosperidade, colheita, mistérios, virilidade e fertilidade. Frey é o irmão de Freya, deusa da beleza, amor, sensualidade, magia e deusa protetora das mulheres grávidas. Frey e Freya reúnem juntos todas as características que a palavra beleza carrega. Eles são deuses poderosos sempre dispostos a ajudar aqueles que os invocar porque, como a maioria dos deuses, eles foram esquecidos pela humanidade.

Figure 3. Frey

Figura 4. Freya

Coisas Que Você Vai Precisar

- Uma vela vermelha ou branca.
- Um copo de água, vinho ou hidromel.
- Um pequeno prato ou pires.
- Uma imagem de Freya (você pode usar a Figura 4 deste livro ou pesquisar no Google por uma que lhe agrade mais).
- Algumas sementes ou grãos.

Passo a Passo

Pré-ritual

I. Tome um banho para purificar seu corpo.

II. Diga em voz alta:

Portador do poderoso martelo Mjölnir.

Salve Thor Veu.

III. Vire-se para o norte, faça o sinal do martelo e diga:

Martelo de Thor, nos proteja nos caminhos do norte. Todo o sofrimento deve ir embora.

O sinal do martelo:

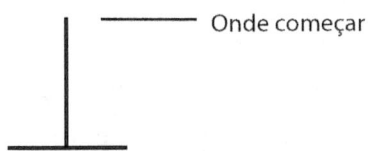

Figura 5. O sinal do martelo

IV. Vá para o leste, faça o sinal do martelo e diga:

Martelo de Thor, nos proteja nos caminhos do leste. Todo o sofrimento deve ir embora.

V. Repita o mesmo procedimento no sul e oeste.

VI. Volte para o norte, olhando para o céu, faça o sinal do martelo e diga:

Martelo de Thor, nos conceda a bênção dos céus.

VII. Olhando para o chão, faça o sinal do martelo e diga:

Martelo de Thor, nos conceda a bênção do ventre da Terra.

VIII. Fique na posição de Algiz.

Posição Algiz: fique de pé com os braços esticados acima da cabeça formando um ângulo de 90 graus entre eles. Sinta que você é igual a uma árvore, visualizando o tronco e a coroa, e sinta a força fluindo através de você. Reverencie a sacralidade do teu corpo enquanto vibra o nome ALGIZ.

Figura 6. A posição Algiz

Algiz é uma das runas mais poderosas; ela ilustra o animal com chifres, uma árvore e o homem com os braços esticados para fora. Algiz descreve a busca e contato com os altos poderes e como receber proteção deles. A runa Algiz pode ser vista como o despertar de forças sexuais e como elas podem ativar o espírito guerreiro. Em adivinhação sobre a espiritualidade, essa runa pode ser interpretada como o despertar de forças interiores e o esforço para alcançar a divindade.

O ritual

I. Erga as mãos sobre o altar e diga:

Eu abençoo e faço este altar um local sagrado para o serviço de Freya, banindo todas as influencias profanas e impuras. Que minha mente, neste local abençoado, possa também ser abençoada, como é da minha vontade. Como Heimdall protege a ponte de Bifrost, possa este local ser protegido contra todas as forças contrárias ao meu rito hoje.

II. Medite com Freya por alguns minutos. Assuma a posição Algiz e invoque:

Frú Freya (frú = frau = senhora), deusa dos prazeres e da sensualidade, deusa do amor e da fertilidade, da riqueza e do prazer terreno em todas as alegrias. Nós te conhecemos, senhora da vida, no campo em bestas fecundadas, mas também nos úteros das mulheres. Deusa dos prazeres e da afeição, eu te saúdo pelos muitos deleites em Midgard. Eu te agradeço pela vida, pela fertilidade, e quando os guerreiros mortos caem em campos de batalha, a senhora recolhe os heróis e leva-os para teu salão de prazeres. Venha Freya, na forma de gato.

Mulher das penas de falcão, senhora do Seidr. Eu te invoco senhora que chora lágrimas de ouro; feiticeira, guerreira, portadora do Brisingamen.

Salve Freya.

III. Concentre-se em Freya durante um minuto e diga:

Deusa do amor e da luxúria, seja bem-vinda.

Filha de Niord, seja bem-vinda.

Irmã do Senhor Frey, seja bem-vinda.

Deusa dos Vanir, seja bem-vinda.

Mulher de Od, seja bem-vinda.

Senhora da magia, seja bem-vinda.

Deusa do colar, seja bem-vinda.

Senhora das Valquírias, seja bem-vinda.

Senhora do desejo, seja bem-vinda.

Senhora da riqueza, seja bem-vinda.

Senhora da beleza, seja bem-vinda.

IV. Relaxe o corpo e a mente focando na imagem de Freya. Respire fundo e relaxe cada vez mais, chamando mentalmente por Freya até sentir uma força movendo sua consciência. Então diga:

Venha a mim Vanadis para receber este sacrifício preparado a ti. Não tire de mim teus presentes, mas continue a enviá-los em minha vida, na prosperidade e regozijo da sensualidade em todas as coisas. Que através desta cerimônia sincera e simples, eu possa tentar secar as lágrimas douradas da tua face. Mais bela das deusas, eu te invoco.

V. Levante o copo de água e diga:

E eu te ofereço o sacrifício. Não de sangue, mas a graça dos meus esforços humanos, minha luta e minha devoção. Que possa ser firme a aliança entre homens e deuses em nossa luta para defesa de Asgard ou contra aqueles que desejam escravizar os amigos dos deuses em Midgard.

VI. Despeje um pouco do líquido no prato e diga:

Freya, aceite este presente, não de um escravo ou servo, pois não tenho mestre. Não como uma forma de apaziguamento, pois estou bem contigo, mas como um sinal da nossa comunhão e semelhança.

Mostre a Freya as outras oferendas no altar. Se for um líquido, verta-o no mesmo recipiente. Acenda a vela oferecendo sua chama para Freya e diga:

Freya, você recebeu meu sacrifício simbolizado pelas oferendas. Envia agora tuas bênçãos e poderes a mim para que eu possa crescer e realizar meus desejos agora. Compartilha comigo teus dons.

Salve Freya.

VII. Invocando Frey

Rei dos Vanir.

Frey, deus dos grãos.

Guerreiro sem arma que deu tua espada por amor.

Yngvi, você faz os grãos fluírem na primavera.

Deus de beleza masculina, virilidade e esplendor.

Senhor dos elfos da luz, rei do êxtase.

Senhor da felicidade e da fertilidade.

Eu te saúdo, filho de Niord, irmão de Freya.

VIII. Coloque algumas das sementes ou grãos no prato e despeje mais um pouco do líquido dizendo:

Senhor Frey, aceite o meu sacrifício.

IX. Relaxe, se concentre em Frey e Freya e diga:

Hail, Hail ao mistério.

Frey, Freya, deuses dos mistérios.

Rei e Rainha dos Vanir.

Deuses da beleza.

Deuses da riqueza.

Deusa do amor e da paixão.

Deusa da sensualidade, da magia, da batalha e da sedução.

Deus dos campos férteis, da beleza e da virilidade.

Deus do esplendor, da felicidade e da fertilidade.

Concedam agora poder à minha magia.

Tragam-me as visões, despertem a intuição, mostrem o que eu não posso ver.

Se eu sonho os versos, tragam-me as canções, emprestem-me o vosso poder.

Eu desejo agora e nesta hora atingir a sensualidade e a beleza, os dons de vossa natureza.

X. Comece a visualizar o padrão de beleza que você quer ter, as imperfeições da pele desaparecendo, o formato do rosto, corpo, visual. Imagine uma energia vermelha enchendo seu corpo e moldando você. Essa energia lhe traz uma beleza doce e feminina, a sensualidade feminina e uma virilidade e beleza masculina ao mesmo tempo. Visualize também essa aura atraindo para você paixões, amizades, afetos, poderes para seduzir, encantar. Quando você sentir essa energia intensa dentro de você, descreva com suas palavras o que é essa beleza.

XI. Visualize Freya e Frey dando-lhe os poderes da sensualidade, beleza, amor, da fertilidade.

Lofna, em nome de Frey e Freya, envie tuas bênçãos: traição, paixão e homossexualidade.

Gersemi e Hnoss, em nome de Frey e Freya, enviem tuas bênçãos: amor, beleza e maternidade.

XII. Visualize os aspectos desejados novamente, mas desta vez com mais força e fixados em você, como se saíssem do seu interior para o seu exterior.

XIII. Respire fundo puxando a energia de Frey e Freya para dentro de você, sinta a energia vital em teu sangue e ela fortalecendo sua magia, visualize-se com amantes, homens, mulheres, amigos, prosperidade.

XIV. Relaxe e esvazie sua mente. Se masturbe (somente se você é um homem), enquanto diz:

Freya, noiva dos Vanir.

Traga amor para o meu coração.

Traga-me os dons da beleza.

Traga-me os dons da paixão.

Traga-me os dons da riqueza.

Ó Freya, traga-me os dons da tua natureza.

Frey, traga-me o teu poder; conceda-me a beleza, amor e prazer.

Traga-me a felicidade; tragam paz e prosperidade para a minha vida.

XV. Quando você ejacular, diga:

Para Frey e Freya.

XVI. Misture o sêmen com saliva e ofereça aos deuses dizendo:

Aceitem esta oferta fértil.

XVII. Relaxe novamente, se concentre em Frey e Freya, esvazie a mente e medite um tempo com eles. Quando acabar, agradeça e finalize o ritual.

Eu te agradeço, Freya, Poderosa Deusa de Asgard.

Deusa de muitos nomes e virtudes.

Eu te agradeço, Frey, Poderoso Deus de Asgard.

Deus de muitos nomes e virtudes.

Que haja sempre paz entre nós.

Eu não digo adeus, mas até logo.

Salve Frey e Freya.

Nota: se você é uma mulher, pule a parte da masturbação e vá direto para a oração e agradecimentos finais.

Afrodite

Uma descrição sobre Afrodite pode ser vista no Capítulo 2.

Coisas Que Você Vai Precisar

- Duas velas vermelhas.
- Uma garrafa de vinho tinto.
- Uma taça de vinho (ou copo comum).
- Pétalas de rosa.
- Um copo de água.
- Uma tigela branca.
- Incenso de rosa.
- Um espelho grande o suficiente para você ver o seu corpo, não necessariamente todo o corpo de uma só vez, mas pelo menos metade.

➢ Música grega antiga.

Passo a Passo

Purificação

I. Em primeiro lugar, você precisa purificar-se fisicamente e espiritualmente. Tome um banho para purificar seu corpo e vista roupas limpas. Medite e esvazie sua mente de todos os pensamentos impuros. Se for possível e você assim desejar, fique 24 horas antes do ritual sem comer carne.

II. Para purificar o local, diga:

Hekas hekas este bebeloi. Que todo profano se afaste, pois neste local o sagrado será convocado.

III. Levante as mãos sobre o copo de água e diga:

Eu te sacralizo criatura das águas e te desperto neste instante. Eu purifico a essência deste fluido para expelir a desarmonia e abençoar tudo que tocar.

IV. Espirre água através do espaço, dizendo:

Eu convido todas as forças nocivas a se retirarem agora. Pela criatura das águas seja este local abençoado e seja eu purificado. Proclamo agora o silêncio sagrado.

V. Fique em silêncio por um momento mentalizando o local sendo purificado. Concentre-se na chama violeta, imaginando que ela está purificando e levando embora todas as impurezas e energias negativas.

O ritual

I. No centro do espaço onde você está trabalhando, coloque a tigela no chão com uma vela em cada lado. O incenso deve ficar por trás e todos os outros itens na frente da tigela.

II. Queime o incenso, acenda as velas e chame por Afrodite sete vezes:

Afrodite. Afrodite. Afrodite. Afrodite. Afrodite. Afrodite. Afrodite.

III. Continue:

Afrodite, deusa do amor, escuta-me.

Filha de Zeus, deusa do prazer, deusa da beleza, deusa da sexualidade, eu te invoco.

Deusa da beleza, compartilhe seus segredos comigo.

Mostre-me como posso me tornar bonito (a) aos meus olhos e aos olhos de todos.

IV. Despeje um pouco de vinho no copo, erga e diga:

Aceite este vinho como meu sacrifício. Eu o lhe ofereço com sinceridade e amor, mas sabendo que tu mereces mais e mais.

Envia-me a tua energia e molde o meu corpo do jeito que eu quero que ele seja.

Deusa da beleza e do amor, faça-me o ser humano mais belo que já existiu.

V. Levante o copo de água e diga:

Este é o elixir da vida e beleza.

Sem ele, nenhum homem pode sobreviver e nenhuma beleza dura.

Em seguida, despeje toda a água dentro da tigela.

VI. Pegue as pétalas de rosa em sua mão e diga:

Estas são a perfeita representação natural da beleza.

VII. Coloque as pétalas na tigela e continue:

Agora peço-te, Ó Grande Afrodite, para que envies a tua energia para esta tigela e transforme esta mistura em um líquido divino capaz de curar todas as imperfeições do meu corpo, incluindo [diga todos os detalhes do seu corpo que você deseja mudar].

Agora eu lhe ofereço um pouco de música e dança.

VIII. Toque música grega antiga e dance em torno da tigela durante alguns minutos.

IX. Levante a tigela e diga:

Em nome de Afrodite, agora eu mudo o meu corpo para a forma que eu quero que ele seja.

X. Espalhe a água por todo o seu corpo. Visualize todas as imperfeições indo embora. Diga em voz alta o que está mudando em você.

XI. Agora pegue o espelho, olhe para você e veja como você é lindo(a). Diga com convicção. Não duvide.

XII. Fechando o templo

Dou graças por teu trabalho neste dia, Bela e Poderosa Afrodite. Eu agora declaro este templo fechado.

CAPÍTULO 4

FEITIÇOS DE DINHEIRO

Feitiços de dinheiro são onde a maioria das pessoas não conseguem alcançar o efeito desejado. Você pode lançar um feitiço semanalmente para atrair dinheiro e ainda assim não conseguir um único centavo a mais do que já possui. Isso acontece por causa da falta de objetividade, em outras palavras, pedir dinheiro requer uma fonte existente de onde ele virá. Se você quer ganhar mais dinheiro em seu trabalho atual, então você deve pedir uma promoção no trabalho. Se você quer dinheiro através de jogos de azar, então peça por isso e comece a apostar.

O verdadeiro problema quando não se especifica a fonte de onde o dinheiro virá, está em receber o que foi pedido de uma maneira muito indesejável. Imagine que você sofra um acidente de carro e receba o dinheiro do seu seguro, você quer isso? Aposto que não. Além disso, você deve deixar claro que o feitiço deve funcionar sem causar danos a ninguém. Você não quer ser promovido porque o seu colega de trabalho morreu. Você deve se comportar assim com todos os feitiços lançados, sem prejudicar a si mesmo, sua família, seus amigos e qualquer outra pessoa.

Trabalhando com Bune

Bune, Bime ou Bim é um espírito que pode trazer dinheiro para aqueles que o chamam. Ele é um duque poderoso que governa 30 legiões de espíritos.

Coisas Que Você Vai Precisar

- Duas velas brancas.
- Incenso (sândalo).
- O selo de Bune.
- Comida bem-feita preparada por você.

Passo a Passo

I. Realize o Ritual de Banimento do Pentagrama.

II. Monte um altar com o Triângulo de Arte, velas, oferendas (alimentos) e incenso. Consagre o triângulo.

III. Escreva sua intenção na parte de trás do selo de Bune. Por exemplo, "eu quero ser promovido no meu trabalho". Coloque o selo dentro do triângulo.

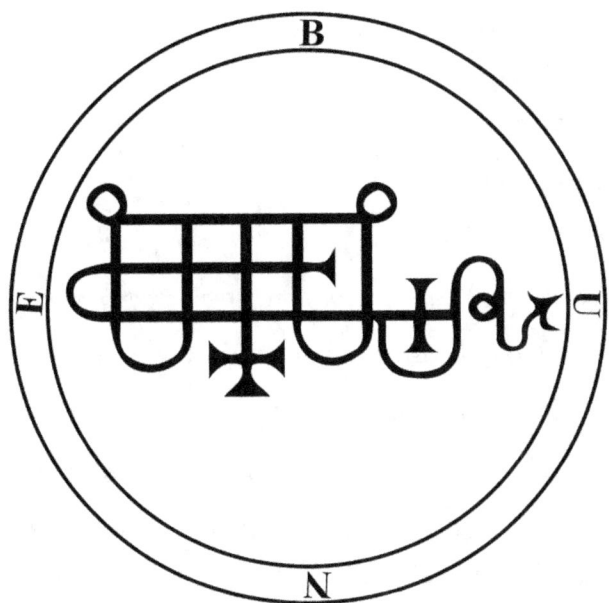

Figura 7. O selo de Bune

IV. Acenda as velas, queime o incenso e trace um círculo.

V. Invocando Bune

Recite a seguinte invocação três vezes:

> *Bune, Bime, Bim, Duque Forte e Poderoso, eu te invoco.*
>
> *Em nome do Altíssimo, eu te chamo e peço que recebas meus pedidos.*
>
> *Entre as muitas virtudes que possui, tu dominas a arte da riqueza, trazendo dinheiro para o homem de forma rápida e eficaz.*
>
> *Venha, entre no meu templo e receba meu sacrifício.*

VI. Sacrifício e pedidos

> *Eu preparei este alimento especialmente para ti, como um sinal de respeito para com os teus grandes poderes.*
>
> *Eu peço a tua ajuda com os meus problemas financeiros.*
>
> *Eu [insira o seu nome] humildemente solicito que [insira o seu desejo].*

Conceda meu desejo dentro de [insira quantos dias você vai dar a ele para atender aos seus pedidos] e sem causar danos a mim mesmo, minha família, meus amigos ou qualquer outra pessoa.

VII. Agradecendo Bune

Eu lhe agradeço, Grande Duke Bune, por tua presença neste rito.

Agora tu podes voltar de onde tu vieste pronto para cumprir o que eu solicitei de ti.

VIII. Feche o círculo e desative o triângulo.

IX. Realize o Ritual de Banimento do Pentagrama.

X. A comida pode ser descartada algumas horas mais tarde.

XI. Mantenha o selo até que seu desejo seja cumprido. Então depois desse prazo, você deve desativá-lo dizendo:

Este selo não mais representa uma ligação com o espírito Bune e não possui mais nenhum poder.

Em seguida, queime o selo.

Se o tempo que você deu ao espírito terminou e seu desejo não foi cumprido, desative e queime o selo. O feitiço pode ser repetido, mas eu aconselho que você tente outro.

Trabalhando com Seere

Seere, Sear ou Seir é um príncipe poderoso. Ele pode trazer dinheiro rapidamente para aqueles que o chamam. Ele governa 26 legiões de espíritos e é muitas vezes gentil quando convocado. Este príncipe não exige grandes sacrifícios ou ofertas do mago e vai ficar feliz com pequenas coisas oferecidas a ele.

Coisas Que Você Vai Precisar

➢ Duas velas brancas.

> Incenso (cedro).

> Comida bem-feita preparada por você.

Passo a Passo

I. Realize o Ritual de Banimento do Pentagrama.

II. Monte um altar com as velas, oferendas (alimentos) e incenso.

III. Queime o incenso, acenda as velas e trace um círculo.

IV. Invocando Seere

Diga a seguinte frase chamada ENN trinta vezes. ENNs são como números de telefone que apontam diretamente para um espírito. Idealmente, você deve cantá-lo, em vez de apenas falar:

Jeden et Renich Seere tu tasa.

Em seguida, diga a seguinte invocação 3x:

Seere, Sear, Seir, Poderoso Príncipe, eu te invoco.

Entre as muitas virtudes que possui, tu és capaz de trazer todas as coisas rapidamente, de qualquer lugar do mundo e em qualquer momento.

Escuta-me e venha receber o meu sacrifício.

V. Sacrifício e pedidos

Eu preparei este alimento especialmente para ti, como um sinal de respeito para com os teus grandes poderes.

Eu peço a tua ajuda com os meus problemas financeiros.

Eu [insira o seu nome] humildemente solicito que [insira o seu desejo].

Conceda meu desejo dentro de [insira quantos dias você vai dar a ele para atender aos seus pedidos] e sem causar danos a mim mesmo, minha família, meus amigos ou qualquer outra pessoa.

VI. Agradecendo Seere

Eu lhe agradeço, Príncipe Seere, por tua presença neste rito.

Agora tu podes voltar de onde tu vieste pronto para cumprir o que eu solicitei de ti.

VII. Feche o círculo.

VIII. Realize o Ritual de Banimento do Pentagrama.

IX. A comida pode ser descartada algumas horas mais tarde.

Nota: não é a intenção desse tipo de feitiço esperar por qualquer tipo de manifestação por parte do espírito. Geralmente esse tipo de trabalho é uma comunicação unilateral onde apenas o mago/bruxo fala. Porém, ao pronunciar o ENN de Seere 30x como instruído é possível que Seere se manifeste de alguma maneira, seja através da fumaça do incenso, da chama da vela, ou até mesmo usando a voz.

CAPÍTULO 5

FEITIÇO DE MANIPULAÇÃO

Este tipo de feitiço é útil quando se quer mudar a mente e controlar a vida de uma pessoa ou fazer alguém agir em seu favor. Você já deve saber que isso é sinônimo de magia negra. Como já foi explicado, quando você interfere na vida de quaisquer pessoas sem o consentimento delas, você está fazendo magia negra e talvez haja consequências para aqueles que a praticam.

Ao contrário dos capítulos anteriores onde foram apresentados dois ou mais feitiços para cada área, neste iremos apresentar apenas um. Isso se dará, porque feitiços de manipulação requerem um espírito muito poderoso que realmente possui a capacidade de manipular as pessoas e que vai concordar em fazer o trabalho para você. Quando se trabalha com espíritos como Bune para ganhar uma promoção no trabalho por exemplo, ele terá que manipular seus chefes, mas isso é diferente, porque você não está pedindo a ele diretamente para manipular ninguém. Então, eu só consigo pensar em um espírito que tem todos os requisitos necessários para executar esta tarefa, e ele é Belial.

Trabalhando com Belial

Belial é um rei muito poderoso que governa 50 legiões de espíritos. Acredita-se que tenha sido criado logo após Lúcifer, então você pode imaginar o quão antigo e poderoso ele é. Trabalhar com Belial requer paciência e confiança, pois ele pode te ignorar completamente, manipular ou te enganar, caso você ache que ele não é grande e poderoso o suficiente ou caso você demonstre suas fraquezas para ele. Uma aproximação preliminar ou pré-ritual através de orações e oferendas antes de chamá-lo propriamente é a melhor maneira de conseguir a colaboração de Belial.

Todos que trabalham com este espírito concordam em um ponto: ele não gosta de ser chamado de rei. Ele ocupa esta posição, porém, o melhor é sempre se referir a ele somente como Belial.

Coisas Que Você Vai Precisar

- Três velas brancas.
- Incenso (olíbano).
- Água, sal, alimentos, objetos, etc. O que você escolher oferecer a ele.
- O selo de Belial.
- Agulha esterilizada.

Passo a Passo

Pré-ritual

I. Ativação do selo de Belial

Segure o selo em sua mão e olhe para ele por três minutos. Observe todos os detalhes e o absorva em sua mente. Então diga:

Selo, tu agora representas uma conexão com Belial. Que assim seja.

Figura 8. O selo de Belial

II. Devoção

Durante três dias antes de lançar o feitiço, recite a seguinte prece para Belial e ofereça-lhe uma coisa diferente a cada dia:

> *Grande e Poderoso Belial, escuta-me. Venho a ti disposto a receber os teus ensinamentos e glória. Aceite esse meu sacrifício simbolizado por essa oferenda, como um sinal de nossa comunhão e respeito.*

Permaneça em silêncio por alguns instantes. A oferenda pode ser descartada algumas horas depois.

O ritual

I. Realize o Ritual de Banimento do Pentagrama.

II. Monte o altar com o Triângulo de Arte e incenso. Coloque uma vela em cada extremidade do triângulo e o consagre.

III. Coloque o selo dentro do triângulo, queime o incenso e acenda as velas.

IV. Trace um círculo.

V. Invoque (3x):

Ó Forte e Poderoso Belial, grande e temido, eu te invoco.

Peço que me escutes e estejas propenso a receber minhas solicitações.

Teus poderes e habilidades são o que necessito neste momento.

Em qualquer parte do mundo onde quer que estejas, eu te invoco Belial.

VI. Sacrifício e pedidos

Eu humildemente ofereço a ti [insira o nome do que você está oferecendo] e uma gota do meu sangue.

Ouça-me e ajuda-me a [insira o seu desejo].

Conceda meu desejo dentro de [insira quantos dias você vai dar a ele para atender aos seus pedidos] e sem causar danos a mim mesmo, minha família, meus amigos ou qualquer outra pessoa.

Use uma agulha esterilizada para furar o dedo e pingar uma gota de sangue no altar. Isso é necessário, porque você está pedindo Belial para manipular alguém e isso não é algo fácil de fazer. O seu sangue irá fornecer mais energia para Belial.

VII. Agradecendo o espírito

Eu lhe agradeço, espírito Belial, pela tua ajuda neste rito.

Tua presença me honra, porque eu sei o quão poderoso tu és.

Agora tu podes voltar de onde tu vieste pronto para cumprir o que eu pedi de ti.

VIII. Feche o círculo e desative o triângulo.

IX. As oferendas você pode descartar algumas horas depois.

X. Realize o Ritual de Banimento do Pentagrama.

CAPÍTULO 6

ENCONTRANDO RESPOSTAS

Quando queremos encontrar respostas para perguntas sobre o presente ou o futuro, estamos na verdade falando de divinação que é um termo amplamente usado por magos e bruxas, uma vez que é considerado um dever antes de qualquer operação mágica. Quando estamos nos preparando para realizar uma evocação ou para lançar um feitiço, devemos primeiro tentar descobrir se essa operação vai funcionar, se a entidade que pretendemos chamar vai nos ajudar, etc. O problema com a divinação é devido à complexidade dos seus métodos confiáveis, como Tarô e vidência, que exigem dedicação do mago e pelo menos alguns meses de prática.

Antes de escrever este capítulo quando eu ainda estava pensando se deveria incluir uma discussão sobre divinação neste livro, foi complicado decidir o método de divinação mais confiável que fosse possível ser ensinado em apenas algumas páginas. Não seria possível explicar como o Tarô funciona, porque levaria metade de um livro. Vidência também estava fora de questão, porque simplesmente não se aprende a ser vidente, este é um dom que você nasce com ele. Claro que você pode praticar vidência e tentar florescer essa habilidade em você, mas não será tão eficiente quanto um vidente natural. O pêndulo é outro método que é consideravelmente fácil, já que você só precisa de um pequeno objeto pendurado em uma corda, mas na minha experiência, pêndulos não são adequados para essa tarefa. Na maioria das vezes ele lhe fornece respostas precisas apenas para coisas que sua mente consciente ou inconsciente já conhece. Fazer perguntas futuras para um pêndulo, você provavelmente irá obter respostas erradas, porque o seu subconsciente não sabe as respostas ainda. Mas pêndulos podem ser úteis quando não temos certeza sobre que direção tomar em nossa vida, pois ele pode acessar nosso subconsciente que é uma biblioteca gigante que nunca se esquece de nada.

Neste capítulo, apresento três métodos de divinação que são fáceis de usar e são mais eficientes do que um pêndulo. Primeiro você vai aprender como descobrir o nome de seu anjo e demônio de guarda. Uma vez que você saiba seus nomes, você poderá usá-los para fazer perguntas sobre a sua vida, porque eles sabem tudo sobre você no tempo presente e futuro e não têm razões para mentir. O segundo método usa um simples baralho de cartas e o último é chamado de escrita livre.

O Nome do Seu Anjo e Demônio de Guarda

Um anjo de guarda é um anjo que nos segue desde o primeiro dia de nossa vida até o último. Ele nos guia e protege em todos os momentos, mesmo que não saibamos de sua existência. Um demônio de guarda atua de forma semelhante, mas com menos influência, uma vez que tendemos a ignorar e repelir tudo relacionado a demônios.

Demônios são espíritos que não podem ser chamados de anjos porque, em um tempo muito distante, eles perderam esse título por algum motivo que não podemos ter certeza do que foi. Mas eles não são espíritos do inferno como você possa pensar. Um mago deve saber que o inferno não existe e o plano astral é muito mais complicado do que a simples definição cristã de céu e inferno.

Trabalhar com demônios tende a ser mais fácil do que trabalhar com os anjos. Eles vêm mais rápido e podem entender melhor nossas necessidades mortais, enquanto os anjos podem ter algumas dificuldades. Isso não significa que você deve evitar trabalhar com os anjos de qualquer maneira. Eles são criaturas muito poderosas com muitas funções no universo e uma delas é ajudar os seres humanos. Eles só precisam confiar em você, em outras palavras, você tem que criar um vínculo com eles e não apenas pedir favores uma vez ou outra.

Método 1 - Pêndulo

Embora o pêndulo não seja uma maneira confiável de divinação, vamos usá-lo no processo de tentar encontrar o nome de seu anjo ou demônio de guarda, porque eu também forneço aqui uma maneira fácil de você verificar se a informação que obteve a partir do pêndulo está correta.

Calibrando o pêndulo

Se você é um iniciante ou se está utilizando um pêndulo novo, é preciso calibrá-lo em primeiro lugar.

I. Segure o pêndulo entre o polegar e o dedo indicador sempre permitindo que se mova livremente. Se você quiser, você pode sentar e descansar seu cotovelo em uma mesa na sua frente.

II. Pergunte ao pêndulo "mostre-me um sim" e ele vai se mover lhe mostrando qual movimento significa sim. Pergunte "mostre-me um não" e veja qual movimento significa uma resposta negativa.

III. Agora faça perguntas óbvias, como "o meu nome é [seu nome]?". Apenas pare de fazer perguntas óbvias quando você obtiver apenas respostas corretas.

IV. Agora que você calibrou o pêndulo é preciso fazer uma cópia ampliada da seguinte tabela:

Tabela 2. Pêndulo

1	2	3	4	5
6	7	8	9	A
B	C	D	E	F
G	H	I	J	K
L	M	N	O	P
Q	R	S	T	U
V	X	Z	W	Y

Preparação

I. Escolha um lugar calmo para trabalhar.

II. Realize o Ritual de Banimento do Pentagrama.

III. Pegue uma caneta e papel em branco para que você anote as respostas.

IV. Trace um círculo.

V. Sente-se dentro do círculo e relaxe um pouco. Coloque o papel com os números e letras no chão na sua frente.

VI. Dê a seguinte instrução para o pêndulo:

Pêndulo, você se moverá apenas sobre os números e letras corretas.

Perguntando o pêndulo

I. Segure o pêndulo e comece a fazer as seguintes perguntas:

1. *Quantas letras tem o nome do meu anjo/demônio de guarda?* - Coloque o pêndulo sobre cada número por 5-10 segundos. Quando se mover, você tem sua resposta.

2. *Qual é a primeira letra do nome do meu anjo/demônio de guarda?* - Coloque o pêndulo sobre cada letra até que você obtenha a resposta correta. Repita isso para as outras letras, conforme o número que você obteve na primeira pergunta.

II. Depois de terminar com as perguntas, feche o círculo e faça o Ritual de Banimento do Pentagrama.

Verificando as informações

I. Acesse o site google.com e procure anjo/demônio + nome, exemplo: demônio Aym; anjo Haniel.

II. Se você encontrar qualquer resultado relacionado com anjos ou demônios, o que você obteve do pêndulo está correto.

III. No caso de você não conseguir encontrar nada de útil, repita a pesquisa usando aspas. Exemplo: "demônio Aym"; "anjo Haniel".

Se mesmo depois de usar aspas, você não obter quaisquer resultados relacionados a anjos ou demônios, isso significa que o nome do seu espírito guardião não está na internet ou o pêndulo não funcionou para você. Neste caso, existe uma última opção que você poderia tentar.

IV. Procure por nomes de anjos e demônios e estude o padrão deles. Geralmente, esses nomes compartilham algumas semelhanças. Compare-os com os nomes que você tem. Se eles não tiverem nada em comum, tente usar o tabuleiro Ouija, o nosso próximo assunto.

Método 2 - Tabuleiro Ouija

O Tabuleiro Ouija, também conhecido como Tábua dos Espíritos, é uma ferramenta usada para entrar em contato com entidades espirituais, a fim de obter respostas delas. Este também não é um método recomendado para divinação, porque há uma alta probabilidade de que quando você faz uso do tabuleiro, você está na verdade falando consigo mesmo ou os espíritos estão mentindo para você. Outro ponto negativo é o fato de que nós não sabemos com que tipo de espíritos estamos lidando.

Ao usar este instrumento, uma porta é aberta automaticamente e qualquer tipo de espírito pode vir através dela para responder as perguntas do utilizador. É por isso que você deve sempre usá-lo acompanhado de outra pessoa para evitar que você esteja muito vulnerável e possa ser enganado pelos espíritos. Outra razão para que você não faça uso dele sozinho é evitar que sua mente interfira nas respostas. Portanto, siga todas as recomendações dadas a seguir para aumentar sua taxa de sucesso.

Figura 9. O Tabuleiro Ouija

Nota: utilize o tabuleiro apenas se o pêndulo não funcionou para você. Não o utilize para verificar se as informações que o pêndulo lhe deu estão corretas.

Usando o tabuleiro

I. Faça o Ritual de Banimento do Pentagrama.

II. Trace um círculo grande o suficiente para duas pessoas.

III. Essas duas pessoas que eu vou chamar de "operadores", devem sentar-se dentro do círculo com o tabuleiro na frente deles.

IV. Os operadores devem colocar seus dedos indicadores sobre a paleta. Não coloque muita força sobre ela.

V. Um dos operadores pergunta:

Há algum espírito aqui disposto a responder às minhas perguntas?

VI. Quando você receber um sim, avance para a seguinte pergunta:

Alguma vez você já viveu?

VII. Se a resposta for sim, vá para a seção Fechando o Tabuleiro. O motivo disso é porque somente espíritos de pessoas mortas iriam responder sim a esta pergunta e eles não têm nada para lhe oferecer.

VIII. Se a resposta for não, proceda a pergunta seguinte:

Qual o seu nome?

IX. Se o espírito se recusar a dar-lhe seu nome, diga:

Eu sou o governante deste lugar. Aqueles que queiram participar deste ritual devem dizer seus nomes, porque esta é a minha regra. Diga o seu nome agora ou saia.

X. Se o espírito novamente se recusar a dar seu nome, vá para a seção Fechando o Tabuleiro e tente novamente mais tarde. Caso contrário, você pode continuar com a próxima pergunta.

XI. Mostre a sua autoridade para o espírito:

Eu sou o governante deste lugar e eu estabeleci uma regra importante. Você deve dar apenas respostas corretas para todas as minhas perguntas. Você está disposto a seguir essa regra?

XII. Se a resposta for não, feche o tabuleiro, se for sim, proceda:

Qual é o nome do meu anjo/demônio de guarda?

XIII. Anote o nome dado. Não faça mais perguntas. Não fique tentado a fazer perguntas sobre sua vida pessoal.

Fechando o tabuleiro

I. Uma vez que você tenha o nome do seu anjo ou demônio, você deve fechar a porta que abriu. Comece dizendo:

Obrigado por responder às minhas solicitações, e agora eu digo adeus.

II. Aguarde a paleta se mover para o "adeus" em cima da mesa. Mesmo que ela não se mova, você deve dizer o seguinte:

Todas as minhas perguntas foram respondidas e agora todas as entidades aqui presentes devem sair. Em nome de Adonai e em meu próprio nome, o governante deste lugar, eu declaro este templo fechado.

III. Vire o tabuleiro de cabeça para baixo.

IV. Feche o círculo e faça o Ritual de Banimento do Pentagrama.

Verificando as informações

Repita os mesmos procedimentos para verificar a informação recebida usado na seção do pêndulo. Se você não obtiver resultados positivos, receio que este método também não funcionou para você. Claro que é possível que os nomes dos seus espíritos guardiões não estejam na internet ou que eles não tenham nada em comum com os nomes de outros anjos e demônios, mas isso não é um bom sinal.

Estabelecendo Contato

Depois de descobrir o nome de seu anjo ou demônio, é hora de entrar em contato com ele. Você deve trabalhar apenas com um deles de cada vez, pelo menos até você ganhar mais experiência e decidir por si mesmo se é seguro ter dois espíritos diferentes guiando sua vida.

Faça uma prece com suas próprias palavras dizendo que você realmente quer que ele se revele a você. Recite-a todos os dias até que você sinta a presença dele cada vez mais. Antes da prece, você deve vibrar o nome de seu anjo ou demônio de guarda por cerca de dois minutos. Você também pode tentar encontrar o selo dele na internet; seria muito útil. Se você encontrar, utilize antes da oração, olhando para o selo enquanto vibra o nome do seu guardião. Limpe sua mente e medite a espera de algum sinal dele. Ele pode contatá-lo através de quase qualquer meio, incluindo sonhos, internet, filmes, etc. Você poderia estar assistindo a um filme e de repente algum personagem diz algo que chama a sua atenção e imediatamente faz você pensar sobre o seu anjo ou demônio; isso é uma mensagem dele.

Uma vez que o contato foi estabelecido, você pode usar um pêndulo para fazer perguntas, desde que você sinta a presença deles antes, porque usar um pêndulo sem ter certeza que seu anjo ou demônio está presente no local, não vai lhe dar bons resultados. Outras maneiras de receber respostas dependerá do vínculo entre você e eles. Eles vão mostrar o que vai funcionar melhor no seu caso.

Obtendo Respostas com um Baralho de Cartas

As cartas têm poderes e podem nos dar respostas para quase tudo em nossas vidas, nos mostrando o futuro ou mais comumente, os caminhos que devemos seguir. O Tarô e o Baralho Cigano são os dois métodos mais utilizados de divinação através de cartas. O Tarô é mais complexo e possui mais de setenta cartas diferentes com seu próprio significado. Tanto o Tarô e o Baralho Cigano não são adequados para perguntas de sim ou não. Eles não podem responder especificamente se sua namorada está te traindo ou se você vai se casar algum dia. Se você perguntar algo assim, as chances de você ficar ainda mais confuso são elevadas. É por isso que muitos leitores de Tarô não permitem que seus clientes façam perguntas específicas.

Um simples baralho de cartas pode ser transformado em uma ferramenta mágica para divinação ideal para questões cotidianas. Você pode usar para perguntar se você deve ir a uma festa, se você deve ligar para alguém ou até mesmo se você deve ou não lançar um feitiço. Infelizmente, como todos os outros oráculos de sim ou não, questões futuras podem não ser devidamente respondidas. Portanto, evite perguntar o que vai acontecer em sua vida.

Passo a Passo

I. Compre um baralho de cartas.

II. Escreva SIM no Nove de Copas e NÃO no Nove de Espadas.

III. Normalmente, um baralho comum vem com dois Curingas, mas você vai usar apenas um, o outro você pode deixar de lado. O Curinga será o TALVEZ do seu baralho mágico.

Consagrando o baralho

O baralho deve ser consagrado aos quatro elementos, caso contrário, ele não terá poderes.

I. Você vai precisar de incenso (qualquer tipo), um recipiente com água, uma vela, sal ou terra.

II. Vá para o lugar onde você consagra as suas ferramentas mágicas e monte um altar em um espaço onde você pode andar em torno dele. Coloque o baralho sobre o altar.

III. Em uma área circular ao redor do altar, coloque o incenso no leste, a vela no sul, o recipiente com água no oeste e o sal no norte.

IV. Vá para o oeste do altar, vire-se para o leste e abra o templo dizendo:

> *Eu convoco as mais altas forças do universo para me guiar neste ritual. A intenção deste trabalho é de consagrar e dar os poderes necessários para que este baralho de cartas possa se tornar uma ferramenta mágica capaz de responder a tudo o que eu lhe perguntar.*

V. Vá para o leste, queime o incenso e diga:

Invoco os guardiões do leste, poderosos sílfides. Me emprestem os poderes do ar para que eu possa fazer o que devo fazer hoje.

VI. Vá para o sul, acenda a vela e diga:

Invoco os guardiões do sul, poderosas salamandras. Me emprestem os poderes do fogo para que eu possa fazer o que devo fazer hoje.

VII. Vá para o oeste, pegue o recipiente com água e diga:

Invoco os guardiões do oeste, poderosas ondinas. Me emprestem os poderes da água para que eu possa fazer o que devo fazer hoje.

VIII. Vá para o norte, pegue um pouco de sal e diga:

Invoco os guardiões do norte, poderosos gnomos. Me emprestem os poderes da terra para que eu possa fazer o que devo fazer hoje.

IX. Pegue o baralho, vá para o leste e diga:

Que os guardiões do leste consagrem e habilitem este baralho de cartas.

Passe o baralho através da fumaça do incenso.

Repita a mesma ação no sul, oeste e norte.

Nota: você não deve passar o baralho na chama da vela. Segurar a vela em uma mão e o baralho na outra enquanto pede os guardiões do sul para consagrá-lo é suficiente. O mesmo acontece com a água. Água pode danificá-lo, por isso tome cuidado.

X. Depois de terminar no norte, espalhe as cartas sobre o altar. Aponte sua varinha para elas e diga:

Baralho de cartas, você agora é mágico. Pelos poderes do ar, fogo, água e terra, você agora é capaz de responder a quaisquer perguntas corretamente. O Nove de Copas significa sim, o Nove de Espadas significa não e o Curinga significa talvez. Para responder às minhas perguntas, você deve passar por todas as dimensões do universo, passado e futuro, e voltar com respostas corretas. Assim seja.

XI. Vá para cada direção, começando pelo leste e diga:

Agradeço aos guardiões do [insira a direção] por sua ajuda hoje. Eu agora fecho o portal do [insira a direção].

XII. Vá para o oeste do altar, vire-se para o leste e diga:

Agradeço as mais altas forças do universo por permitirem que esse trabalho acontecesse. Eu agora declaro este templo fechado.

Usando o baralho

I. Sente-se em uma posição confortável e se concentre no que você quer saber. Faça sua pergunta em voz alta, dirigindo-se as cartas.

II. Embaralhe elas o melhor que puder. Quanto mais embaralhado, melhor. Enquanto faz isso, repita a pergunta novamente.

III. Coloque o baralho na sua frente como mostra a imagem seguinte.

Figura 10. Carta de baralho

IV. Corte o baralho duas vezes a partir da esquerda para a direita.

Figura 11. Cortando o baralho

V. Agora junte as cartas novamente, colocando as pilhas uma encima das outras, da esquerda para a direita.

VI. Agora comece a virar as cartas uma a uma sempre fazendo o movimento da esquerda para a direita até chegar a um sim, não ou talvez. Por exemplo, se você retirar um sim primeiro, esta é a sua resposta.

Não faça a mesma pergunta novamente. Se você fizer isso, você provavelmente terá uma resposta diferente e isso confundirá sua mente. Você tem que aceitar a primeira resposta como sendo a correta. É assim que funciona a divinação.

Você pode escolher outro método de embaralhar e cortar as cartas caso tenha um melhor.

Escrita Livre

Há um método de divinação chamado escrita automática que é semelhante à minha escrita livre, mas com uma diferença. Para usar a escrita automática, você pega uma caneta ou lápis, uma folha de papel, senta em uma mesa, relaxa e começa a escrever o que vem à sua mente. Isso pode funcionar e você deve experimentar se quiser. O método que eu vou te ensinar aqui é diferente, porque ao invés de você escrever o que vem à sua mente, sua mão movimenta a caneta de forma automática e você não controla quando começar e quando parar. Considero que essa técnica foi desenvolvida por mim, porque eu tive essa ideia sem antes ter visto nada semelhante em nenhum lugar.

Passo a Passo

I. Você pode fazer uma invocação preliminar para algum deus ou outra entidade que você acha que pode lhe dar respostas. Pegue uma caneta e folha de papel. Sente-se em uma mesa ou em qualquer lugar onde você possa escrever confortavelmente.

II. Relaxe o corpo e a mente. Esqueça o resto do mundo.

III. Coloque a folha sobre a mesa e posicione a caneta sobre ela sem colocar muita pressão.

IV. Dê as instruções sobre como você deseja receber as respostas. Por exemplo, diga:

> *Todas as perguntas que eu fizer aqui devem ser respondidas com um S significando sim e um N para não.*

V. Feche os olhos e faça sua pergunta em voz alta.

Sua mão vai começar a se mover em menos de um minuto. Não coloque muita pressão sobre o lápis.

VI. Depois de terminar, abra os olhos e veja se você tem um S ou um N. Esta é a sua resposta.

CAPÍTULO 7

AUTOPROTEÇÃO

Não importa se você ocasionalmente lança um feitiço ou se é um bruxo ou mago ativo, você precisa se proteger de alguma maneira. As ameaças podem vir de qualquer lugar, incluindo alguém próximo a você ou entidades com quem você trabalha. Geralmente se seguir as regras básicas para trabalhar com os espíritos que neste livro foram apresentadas, eles não vão lhe causar nenhum dano e o pior que pode acontecer é eles se recusarem a trabalhar com você. Quando se trata de pessoas, você não pode controlar suas ações; não é possível impedir que alguém o amaldiçoe ou lhe envie um feitiço de magia negra. Mas o que você pode e deve fazer é preparar a sua aura para ser capaz de bloquear estas energias indesejadas. Quando estamos preparados para alguma coisa, não somos pegos de surpresa.

Neste capítulo, vamos aprender as melhores técnicas de proteção contra os perigos do mundo oculto. Se você seguir as dicas dadas aqui, pode ter certeza que nada de ruim enviado através do mundo espiritual vai chegar até você.

Equilibrando Sua Energia

Você já se viu em uma situação em que estava em desequilíbrio? Por exemplo, você pode estar desequilibrado em um ônibus caso você não esteja segurando as barras de suporte ou quando você está bêbado e não consegue andar corretamente. Estes são exemplos físicos, mas o princípio é o mesmo com a nossa aura. Quando seu campo de energia está operando em uma única direção, recebendo ou perdendo, ele está desequilibrado. O mesmo acontece quando seu campo de energia está fraco, uma vez que ele não está recebendo a quantidade de energia necessária para manter as coisas funcionando bem na sua vida. Estas mudanças são tão significativas que um médium ou alguém com a sensibilidade bastante aflorada pode notar que há algo errado com sua aura apenas por olhar para você.

As consequências de uma energia desequilibrada são muitas e sua vida pode se transformar em uma confusão completa. Você pode tornar-se doente, perder o seu emprego, ter um momento difícil em seu relacionamento, entrar em depressão, etc. A maioria das pessoas não percebem que pode haver algo de errado com elas, porque elas estão acostumadas a essa situação, uma vez que este processo de enfraquecimento da aura tende a ser lento e ocorre gradualmente. Então, muitos encaram isso apenas como uma má fase em vez de identificar e reparar a fonte do problema.

Banimento e Invocação

Em muitos feitiços neste livro, você é instruído a realizar o Ritual de Banimento do Pentagrama antes e/ou depois de algum procedimento. Quando usado antes de cerimônias mágicas é útil para sintonizar o mago com as forças superiores do universo, trazendo a Árvore da Vida para dentro da aura. Crowley, em um de seus livros, fez algumas citações sobre este ritual. A seguir, ele explica exatamente como isso funciona:

"O uso habitual do Ritual Menor de Banimento do Pentagrama (digamos, três vezes por dia) durante meses e anos e assunção constante da Forma-Deus de Harpócrates (Ver Equinox, I, II e Liber 333, cap. XXV para ambos) deve fazer o "círculo real", ou seja, a aura do mago, impenetrável.

Esta aura deve ser resistente, radiante, iridescente, brilhante, reluzente. "Uma bolha de sabão de aço de barbear, fluindo com luz de dentro" é minha primeira tentativa de descrição; e não é ruim, apesar de suas incongruências."

O RBP também pode limpar seu ambiente energético de energias caóticas. O problema começa quando você o utiliza diariamente sem qualquer tipo de invocação. Você está de fato banindo as coisas de sua vida e não recebendo nada no lugar. Então para evitar isso, você primeiro precisa fazer uma invocação e banir doze ou mais horas mais tarde, ou banir primeiro e invocar imediatamente.

Prática sugerida

Na parte da manhã: invocar os quatro elementos. Instruções sobre como fazer isso podem ser encontradas no Apêndice.
À noite: banir os quatro elementos (ver Apêndice).

Executar este exercício três vezes por semana se tudo está em ordem na sua vida e você apenas quer manter tudo dessa maneira, ou diariamente, se a sua vida está atualmente em uma zona negativa e nada está funcionando como deveria.

Construção de um Escudo em Torno da Aura

Ao trabalhar com magia, uma das primeiras coisas que você aprende é a necessidade de desenvolver uma técnica de visualização forte e eficiente. Uma variedade de exercícios e rituais exigem que o mago realmente veja o que ele está fazendo. Quando você desenha um pentagrama no ar, você deve claramente vê-lo ali; mesmo se você se virar de costas, você sabe que há um pentagrama bem atrás de você. Isso é necessário, porque nossa mente tem o poder de manifestar coisas no mundo físico e astral. É claro que é muito mais complicado fazer isso no plano físico, pois estamos sob as leis da física, mas no nível astral é muito mais fácil, pois lá não há limitações. Neste exercício, vamos usar a nossa mente para criar um escudo em torno de nossa aura, trabalhando com algumas cores principais.

Cartões coloridos

Prepare alguns cartões de papel em cor dourado, vermelho escuro e violeta. Alternativamente, você pode usar imagens no seu smartphone, tablet ou computador em vez de papel.

Dourado: esta cor vai atrair a proteção divina para você.

Vermelho escuro: você será uma pessoa mais forte sempre pronta para enfrentar qualquer situação difícil.

Violeta: esta cor deve ser visualizada em chamas. Ela vai limpar a sua aura de toda a negatividade em todos os níveis existentes.

Passo a passo

I. Use cada cor em um dia diferente. Minha ordem sugerida é violeta, ouro e vermelho escuro.

II. Escolha um lugar calmo onde você possa relaxar profundamente. Sente-se em uma posição confortável.

III. Segure na frente de seus olhos a cor alvo. Olhe para ela por cinco minutos. Em seguida, coloque o cartão de papel ou dispositivo de lado, relaxe o corpo e feche os olhos.

IV. Visualize-se no centro de um lugar vazio. Este lugar está pintado na cor que você está trabalhando. A cor na forma de luz abstrata começa a surgir de todas as direções e vêm diretamente para o seu corpo. Esta luz colorida está agora em torno de todo o seu corpo.

V. Imagine como se estivesse carregando suas baterias com esta luz. Sinta a energia fluindo através de você.

VI. Continue fazendo este exercício por dez minutos. Depois, abra os olhos e o exercício está completo.

Não se esqueça que quando se trabalha com a cor violeta você deve visualizá-la como chamas e não como luz.

Amuletos

Amuletos são objetos de proteção com nomes e símbolos gravados nele, representando as forças em que este objeto está conectado para oferecer proteção para aqueles que o usam. Um dos mais famosos amuletos são os selos de Salomão, também chamados de pantáculos. Eu às vezes utilizo o Quarto Pantáculo da Lua para me proteger contra feitiçarias malignas.

Eu restaurei todos os três amuletos apresentados aqui para lhe proporcionar uma melhor qualidade, porque os manuscritos onde eles se encontram tem mais de 500 anos de idade.

Instruções para Todos os Amuletos Planetários

I. Desenho, cópia e consagração devem ser feitos na hora do planeta.

II. Idealmente, você deveria desenhar o amuleto em uma folha de papel em branco usando a cor do planeta, mas você pode copiá-lo usando uma máquina de xerox também.

III. Todos os amuletos devem ser consagrados aos quatro elementos antes que você possa usá-los.

O Terceiro Pantáculo de Júpiter

Este vai defender e protegê-lo contra todos os tipos de espíritos, especialmente os que você evocar.

Figura 12. O Terceiro Pantáculo de Júpiter

O Sexto Pantáculo de Júpiter

Este protege contra todos os perigos terrestres.

Figura 13. O Sexto Pantáculo de Júpiter

O Quarto Pantáculo da Lua

Este protege contra todas as feitiçarias do mal e de todas as lesões da alma ou corpo.

Figura 14. O Quarto Pantáculo da Lua

Ativando os Pantáculos de Salomão

Todos os três pantáculos apresentados neste capítulo precisam ser ativados todas às vezes em que forem utilizados. A ativação é feita segurando o pantáculo na mão enquanto se faz a leitura do verso bíblico correspondente.

Terceiro Pantáculo de Júpiter: Salmo 125:1.

Sexto Pantáculo de Júpiter: Salmo 22:16-17.

Quarto Pantáculo da Lua: Jeremias 17:18.

APÊNDICE

Invocar e Banir os Quatro Elementos

A Cruz Cabalística

Todas as esferas de luz neste ritual são formadas a partir da mesma fonte de luz. Outras versões nos pedem para imaginar essas esferas sem mencionar de onde vem a energia. Considero isso um erro e foi por isso que criei uma versão modificada da Cruz Cabalística.

I. Vá para o leste e fique de frente para o leste. Se posicione de pé com os pés juntos e braços junto ao corpo. Imagine que uma esfera de luz branca e brilhante está descendo bem longe acima de sua cabeça. Essa esfera tem cerca de 25 cm de diâmetro e agora está logo acima da sua cabeça.

II. Com um punhal, varinha ou o dedo indicador direito, toque a luz e traga uma fração dela para a sua testa. Essa esfera menor tem metade do tamanho da esfera acima da sua cabeça. Toque na testa e vibre ATAH.

III. Toque a luz novamente, mas desta vez aponte para os pés e imagine a esfera de luz descendo ao chão. Vibre MALKUTH.

IV. Agora traga outra esfera de luz para o ombro direito. Toque no ombro e vibre VE-GEBURAH.

V. Traga outra esfera para o ombro esquerdo. Toque no ombro e vibre VE-GEDULAH.

VI. Junte as mãos na frente do seu peito e vibre LE-OLAHM. Agora imagine claramente as quatro esferas de luz formando uma cruz e esta cruz entrando em seu corpo, enchendo-o de pura luz.

VII. Ainda com as mãos juntas vibre AMÉM.

Desenhando os Pentagramas

Aqui você deve escolher se deseja banir ou invocar os quatro elementos. A única diferença está nos pentagramas desenhados nesta etapa. A imagem seguinte lhe fornece tanto a versão de banimento quanto invocação.

Figura 15. Pentagramas de invocação e banimento

I. No leste, virado para o leste, desenhe no ar a versão apropriada do Pentagrama do Ar e traga a ponta do seu dedo para o centro do pentagrama. Vibre o nome YHVH.

II. Sem mover o dedo em qualquer outra direção, comece a traçar um círculo enquanto você se move para o sul. No sul, trace a versão apropriada do Pentagrama do Fogo. Traga o seu dedo para o centro e vibre ADNI.

III. Continue o semicírculo para o oeste e trace o Pentagrama da Água trazendo o dedo para o centro. Vibre AHIH.

IV. Repita o mesmo processo para o norte com o Pentagrama da Terra. Vibre o nome AGLA ATAH GIBOR LE-OLAHM.

V. Agora, complete o círculo trazendo o dedo para o centro do pentagrama que você desenhou no leste.

VI. No leste, fique em posição de cruz (pés juntos e braços estendidos) e diga:

Na minha frente, o grande Arcanjo Rafael (vibre).

Atrás de mim, o grande Arcanjo Gabriel (vibre).

Na minha direita, o grande Arcanjo Miguel (vibre).

Na minha esquerda, o grande Arcanjo Auriel (vibre).

VII. Agora diga:

Ao meu redor flamejam os pentagramas.

Imagine que o círculo e os pentagramas estão em chamas de cor branca.

E na coluna do meio brilha a estrela de seis pontas.

Imagine dois hexagramas brilhantes, um embaixo e um acima de você, formando uma grade de luz em torno do seu corpo.

VIII. Repita a Cruz Cabalística e o ritual está completo.

Desenvolvendo Sua Sensibilidade

Estas técnicas vão funcionar melhor se você já tem as habilidades necessárias, mas elas não estão totalmente desenvolvidas. Do contrário, você pode conseguir algum nível de sensibilidade, mas você vai ter que trabalhar mais duro de forma diária.

Exercício 1

I. Acesse a internet e baixe qualquer música de meditação Xamânica. Transfira para seu smartphone ou qualquer outro dispositivo onde você pode conectar fones de ouvido.

II. Pegue três moedas iguais e as marque com qualquer caneta hidrográfica para diferenciá-las. Por exemplo, escreva A, B, C. Você também pode usar cartas de jogo de naipes diferentes, cartões de crédito, etc. O objetivo aqui é usar objetos com as mesmas dimensões, mas com algo diferente em cada um deles.

III. Vá para um lugar tranquilo e coloque três almofadas na frente de onde você vai se sentar.

IV. Pegue os três objetos em sua mão, feche os olhos e os misture. Ainda com os olhos fechados, coloque cada objeto debaixo de uma almofada diferente.

V. Sente-se em uma posição confortável, coloque os fones de ouvido e toque música Xamânica.

VI. Feche os olhos e relaxe. Pense em um dos objetos na frente de você. Vá através da sua mente em cada uma das almofadas e tente localizá-lo. Não tenha pressa.

VII. Quando estiver pronto, abra os olhos e verifique se você está certo.

Pratique este exercício diariamente até que acerte onde os três objetos estão. Então, você pode começar a trabalhar com mais objetos até que esteja pronto para localizá-los sem a ajuda de música Xamânica.

Exercício 2

Este exercício é chamado de Ritual do Pilar do Meio e ajuda a construir a Árvore da Vida dentro da aura.

I. Faça a Cruz Cabalística.

II. Fique de frente para o oeste, pés juntos, braços junto ao corpo e as palmas da mão voltadas para frente. À sua direita está o Pilar Negro da Severidade. À sua esquerda está o Pilar Branco da Misericórdia. Você está no meio representando o Pilar do Equilíbrio.

III. Uma luz branca incrivelmente brilhante, a Luz do Eu-Infinito, se origina muito acima da sua cabeça.

IV. A luz desce para o topo da sua testa (Kether) formando uma esfera do tamanho da sua cabeça. Vibre fortemente o nome: AHIH (pronuncia-se "é-rrê-ié").

V. Agora, imagine um raio de luz descendo da sua testa até a região da garganta (Daath) e formando outra esfera de luz. Vibre fortemente o nome: YHVH ALHIM ("y-rrô-vá ê-lô-rrim").

VI. Agora, um raio de luz desce da sua garganta até o peito (Tiphareth), formando uma nova esfera de luz. Vibre fortemente o nome: YHVH ALOAH ve-DAATH ("y-rrô-vá ê-lô-á vê da-at").

VII. Visualize um raio de luz descendo do seu peito até a região genital (Yesod) e formando uma esfera de luz. Vibre fortemente o nome: SHADDAI AL CHAI ("sha-dai el rai").

VIII. Finalmente, um raio de luz desce da região genital até os pés (Malkuth), formando uma nova esfera de luz que toca o chão. Vibre fortemente o nome: ADNI HARTZ ("a-do-nai ra-rets").

IX. Agora, visualize a esfera que está nos seus pés subindo e absorvendo a luz e a energia de todas as outras esferas até alcançar sua cabeça. Agora apenas uma esfera existe. Imagine-a circulando pelo seu corpo da esquerda para a direita. Continue fazendo isso por três minutos, pelo menos.

www.ingramcontent.com/pod-product-compliance
Lightning Source LLC
Chambersburg PA
CBHW062146100526
44589CB00014B/1705